英会話「1秒」レッスン 上級!

清水 建二

成美文庫

本書は成美文庫のために書き下ろされたものです。

はじめに

「学校の英語は英会話上達の役には立たない」
あなたは、そんな先入観を持っていませんか。

確かに、This is a pen. を実際に言う場面はそうそうありません。
しかし中学校の教科書に出てくるような、一見役に立ちそうにない例文も、ちょっと内容を工夫するだけで、一瞬のうちに**「使える英語」**に変身させることができます。
この考え方に基づき、拙著『パターンで話せる 英会話「1秒」レッスン』（成美堂出版）では、中学2年生までに扱われる会話に必要な最小限の項目を取り上げ、おかげさまで幅広い読者層の皆様から反響をいただきました。

基本的な英会話の習得に必要な文法の知識は、せいぜい、中学校3年間で教わる程度で十分。
しかし本書では、**さらに上を目指す英語学習者**のために、中学生レベルのものを含めて高校1年生くらいまでに教わる文法を基にした**40構文**を厳選しました。これをマスターすれば、**普段日本語で話している複雑な内容も、英語ですぐに伝えることができる**ようになります。
前作でふれた基本パターンの復習的な要素もふんだんに取り入れてありますから、前作を読んだ方にとってはステ

ップアップに最適です。もちろん前作を読んでいない方も、抵抗なく入っていくことができるでしょう。

少し難易度の高い構文には、「上級テク！」アイコンが付いています。ちょっと高度な英会話をものにしたい方は、このアイコンを目印にしてください。

ただし本書はあくまで英会話本ですので、本当に使える文法のみを厳選し、会話には役に立たないと思われる文法項目（たとえば、関係代名詞のwhomやwhoseなど）は扱っていません。

本書を手に取ったら、あとは日本語を見て、1秒以内に英文が思い浮かぶようになるまで、何度も音読しながら練習するだけです。

反復練習によって体にしみこんだパターンは、あらゆる場面で**応用**できるようになります。この一冊が終わったら、あなたの日常会話はもう完璧です。

前作同様、本書のメソッドが英会話マスターへの一番の近道であることを私は確信しております。

本書と読者の皆様との出合いが、実り多きものになることを願ってやみません。

清水　建二

—CONTENTS—

はじめに 3
本書の使い方 12
本書の特長 16

英会話力がみるみる上がる 1～20

1 命令と否定命令　その角を左に曲がれば右手にあります …… 20
- パターン練習❶ **Do ～.**（～しなさい） …… 22
- パターン練習❷ **Don't ～.**（～しないで） …… 24

2 時間・距離・漠然とした状況の it　10時15分です …… 26
- パターン練習❶ **It's ～.**（[時間は]～です） …… 28
- パターン練習❷ **It's ～.**（～です） …… 30
- パターン練習❸ **Is it OK if I ～?**（～してもいいですか） …… 32
- パターン練習❹ **It's your turn to ～.**（あなたが～する番です） …… 32
- パターン練習❺ **That ～.**（それは～です） …… 34

3 五感の動詞　それはどんな味ですか …… 36
- パターン練習❶ **That sounds ～.**（～そうですね） …… 38
- パターン練習❷ **This … tastes ～.**（この…は～の味がする） …… 40
- パターン練習❸ **It seems ～.**（～のようだ） …… 40
- パターン練習❹ **I feel ～.**（～な感じです） …… 42
- パターン練習❺ **I have ～.**（～[症状]です） …… 42

4 原級比較　ロシア語は中国語と同じくらい難しい …… 44
- パターン練習❶ **I'm not so ～.**（それほど～ではない） …… 46
- パターン練習❷ **He isn't so ～.**（彼はそんなに～ではない） …… 46

5 比較級　モンブランは富士山よりも高い …… 48
- パターン練習❶ **I like ～ better than ….**（…より～の方がいい） …… 50
- パターン練習❷ **This is much ～er than that.**（こっちの方が[そっちより]ずっと～です） …… 52
- パターン練習❸ **It is much ～er today than yesterday.**（今日は昨日よ

5

　　　　　　りずっと〜です) ………………………………………………… 52
　　パターン練習❹ **Which is more 〜?**（どっちの方が〜ですか） ………… 54
6　最上級　エベレスト山が世界で一番高い山です ………………… 56
　　パターン練習　**What is the 〜est <<< in …?**（…で一番〜な<<<は何ですか） …………………………………………………………… 58
7　名詞的用法　一杯飲みに行きたい ……………………………… 60
　　パターン練習❶ **I've decided to 〜.**（〜することに決めた） ………… 62
　　パターン練習❷ **I've decided not to 〜.**（〜しないことに決めた）… 62
　　パターン練習❸ **Don't forget to 〜.**（忘れずに〜して） …………… 64
8　名詞的用法　すぐに来てほしい ………………………………… 66
　　パターン練習❶ **I want you to 〜.**（〜してほしい）………………… 68
　　パターン練習❷ **Do you want me to 〜?**（〜しようか）…………… 70
9　名詞的用法　私がその質問に答えるのは簡単です ……………… 72
　　パターン練習❶ **It's better for you to 〜.**（〜した方がいいです）… 74
　　パターン練習❷ **How nice of you to 〜!**（〜してくれてありがとうございます） ………………………………………………………… 76
10　形容詞的用法　何か飲み物をください ………………………… 78
　　パターン練習❶ **I didn't have the nerve to 〜.**（〜する勇気がなかった） …………………………………………………………………… 80
　　パターン練習❷ **He had the nerve to 〜.**（彼は厚かましくも〜した）… 80
　　パターン練習❸ **It's time to 〜.**（もう〜する時間だ）……………… 82
11　副詞的用法（目的・原因）彼女は美術を勉強しにパリに行った … 84
　　パターン練習❶ **He came here to 〜.**（彼は〜するためにここに来た）
　　　　　　 ………………………………………………………………… 86
　　パターン練習❷ **I've come here to 〜.**（〜するためにここに来た）… 86
　　パターン練習❸ **I was 〜 to hear that.**（それを聞いて〜だった）… 88
　　パターン練習❹ **I'm glad to hear 〜.**（〜だと聞いて嬉しい）……… 88
　　パターン練習❺ **Be careful not to 〜.**（〜しないように注意しなさい）
　　　　　　 ………………………………………………………………… 90

12 副詞的用法（程度） その鳥は弱っていて飛ぶことができない ···· *92*

パターン練習① **He's too ～ to ….**（彼は～で…できない）············ *94*

パターン練習② **It's too ～ to….**（～で…できない）················ *94*

13 助動詞 can, could, be able to テストに合格できた ············ *96*

パターン練習① **I was able to ～.**（～することができた）········· *98*

パターン練習② **He can't have ～（過去分詞）.**（彼が～したはずがない）············ *98*

14 助動詞 must 彼は違う列車に乗ったに違いない ················ *100*

パターン練習① **You mustn't ～.**（～してはいけません）········· *102*

パターン練習② **She must be ～ ing.**（彼女は～しているに違いない）············ *104*

パターン練習③ **She must have ～（過去分詞）.**（彼女は～したに違いない）············ *104*

15 助動詞 may 彼は私に嘘をついていたかもしれない ············· *106*

パターン練習① **May I ～?**（～してもよろしいですか）··········· *108*

パターン練習② **He may have ～（過去分詞）.**（彼は～だったかもしれない）············ *108*

16 助動詞 should もっと一生懸命勉強するべきだったのに ········ *110*

パターン練習① **You should have ～（過去分詞）.**（～するべきだったのに）············ *112*

パターン練習② **You shouldn't have ～（過去分詞）.**（～するべきではなかったのに）············ *112*

17 助動詞 shall ダンスをしましょうか ························· *114*

パターン練習① **Shall we ～?**（～しましょうか）··············· *116*

パターン練習② **Let's ～ , shall we?**（～しましょうか）············ *116*

18 助動詞 had better 早く帰った方がいいですよ ················· *118*

パターン練習① **You'd better ～.**（[あなたは]～した方がよい）······ *120*

パターン練習② **You'd better not ～.**（[あなたは]～しない方がよい）············ *120*

19 助動詞 would ステーキの焼き加減はいかがしますか……… *122*
- パターン練習❶ **I'd like my … ~.**（…を~にしてください）……… *124*
- パターン練習❷ **Would you mind ~ing?**（~していただけませんか）……… *126*
- パターン練習❸ **Would you mind if I ~（過去形）?**（~してもよろしいですか）……… *126*

20 助動詞 used to 彼は若い頃は酒をたくさん飲んだ……… *128*
- パターン練習❶ **There used to be a ~.**（以前は~があった）……… *130*
- パターン練習❷ **I used to ~.**（以前は~したものだ）……… *132*

英語を自在にあやつる 21〜40

21 関係代名詞 who 彼には東大に通っている息子がいます……… *136*
- パターン練習❶ **He has a son, who is ~.**（彼には~の息子がいる）… *138*
- パターン練習❷ **I have a friend who runs ~.**（~を経営している友達がいる）……… *140*

22 関係代名詞 which, that 羊の形をした雲を見て ……… *142*
- パターン練習❶ **He has a dog, which ~.**（彼は~な犬を飼っている）… *144*
- パターン練習❷ **This is the … which ~.**（これは~する…です）……… *144*

23 関係代名詞の省略 ここは私のお薦めのレストランです……… *146*
- パターン練習❶ **This is the … I ~.**（これは私が~する…です）……… *148*
- パターン練習❷ **This is the…（最上級）<<< I've ever ~（過去分詞）.**（これは今まで~した中で一番…です）……… *150*
- パターン練習❸ **Is this the … you ~?**（これはあなたが~する…ですか）……… *152*
- パターン練習❹ **Isn't this the … you ~?**（これはあなたが~する…じゃないの？）……… *152*

24 関係代名詞 what これは私がずっとほしかったものです……… *154*
- パターン練習❶ **This is (not) what SV ~.**（これは~するものである［~

するものではない]) ·········· 156
- **パターン練習❷** That's (not) what SV ~ . (それは~するものである[~するものではない]) ·········· 156

25 allと関係代名詞の省略　今持っているのはこれだけです ·········· 158
- **パターン練習** All you have to do is ~ . (~するだけでいいです) 160

26 関係副詞 where, why, how　ここは妻に初めて会ったところです ··· 162
- **パターン練習❶** That's why SV ~ . (そういう訳で~) ·········· 164
- **パターン練習❷** This is how SV ~ . (このようにして~) ·········· 164

27 現在進行形と未来進行形　間もなく成田に到着します ·········· 166
- **パターン練習❶** When are you ~ing ? (いつ~しますか) ·········· 168
- **パターン練習❷** When will you be ~ing? (いつ~しますか) ·········· 168
- **パターン練習❸** I'll be ~ing. (~しているでしょう) ·········· 170
- **パターン練習❹** My … is /are ~ing. ([私の]…が~している) ·········· 170
- **パターン練習❺** I'm ~ing. (~している[~しそう]) ·········· 172
- **パターン練習❻** He's always ~ing. (彼はいつも~ばかりしている) ·········· 172

28 there構文　誰かがドアをノックしています ·········· 174
- **パターン練習❶** Is there anything ~ ? (~は何かありますか) ·········· 176
- **パターン練習❷** There's no ~ . (~はありません) ·········· 176
- **パターン練習❸** There's a … ~ing. (…が~している) ·········· 178

29 動名詞　彼女はピアノの演奏が得意だ ·········· 180
- **パターン練習❶** My pastime is ~ing. (私の趣味は~することです) ·········· 182
- **パターン練習❷** I feel like ~ing. (~したい) ·········· 184
- **パターン練習❸** I don't feel like ~ing. (~したくない) ·········· 184
- **パターン練習❹** Thank you for ~ing. (~してくれてありがとう) · 186

30 現在分詞　今夜は夜通し飲んで楽しもう ·········· 188
- **パターン練習❶** I'm having trouble ~ing. (なかなか~できない) ·········· 190
- **パターン練習❷** She's busy ~ing. (彼女は~するのに忙しい) ·········· 190

31 受動態　この本は多くの子供たちに読まれている ·········· 192

- パターン練習❶ … is spoken in ～. (～では…語が話されている) … 194
- パターン練習❷ You're supposed to ～. (～することになっています) … 196
- パターン練習❸ You're not supposed to ～ here. (ここで～してはいけません) … 196
- パターン練習❹ I'm ～ (過去分詞). ([私は]～です) … 198

32 受動態 この机は木製です … 200
- パターン練習❶ I was surprised at his ～. (彼の～にびっくりした) … 202
- パターン練習❷ … is known for ～. (…は～で知られている) … 202

33 受動態 ほとんど何でもネットで買える … 204
- パターン練習❶ ～ will be held. (～が行われる) … 206
- パターン練習❷ … has been ～ (過去分詞). (…が今～された) … 206

34 間接疑問 I wonder＋疑問詞 彼は誰だろう … 208
- パターン練習❶ I wonder which … to ～. (どっちの…を～したらいいのだろう) … 210
- パターン練習❷ I'm wondering … (疑問詞) to ～. (～したらいいのだろう) … 210
- パターン練習❸ I wonder why he is so ～. (彼はなぜそんなに～なのだろう) … 212
- パターン練習❹ I wonder if ～. (～かな) … 214
- パターン練習❺ I wonder if I could ～. (～してもいいですか) … 214
- パターン練習❻ I have no idea … (疑問詞) ～. (～がわからない) … 216
- パターン練習❼ I have no idea how to ～. (～の仕方がわからない) … 216

35 使役動詞 先生は生徒を立たせた … 218
- パターン練習❶ Let me ～. (～させてください) … 220
- パターン練習❷ I had my … ～ (過去分詞). (…を～してもらった) … 222

| パターン練習❸ Can I have … ~（過去分詞）?（…を~してもらえますか）……222

36 知覚動詞 彼らがホテルに入るのを見た ……224
| パターン練習❶ I saw him ~ ing.（彼が~しているのを見た）……226
| パターン練習❷ I saw a cat ~ ing.（猫が~しているのを見た）……226

37 副詞 運よく彼は死ななかった ……228
| パターン練習 Hopefully, ~.（~だといいのですが）……230

38 I wish 構文 彼女のメルアドがわかればいいのですが ……232
| パターン練習❶ I wish you'd ~.（[あなたが] ~だといいのですが）……234
| パターン練習❷ I wish I could ~.（~できたらいいのですが）……234
| パターン練習❸ I wish I had ~（過去分詞）.（~していればよかった）……236
| パターン練習❹ I wish I hadn't ~（過去分詞）.（~しなければよかった）……236

39 強調構文 私たちが初めて会ったのは10年前だ ……238
| パターン練習❶ It's … who ~.（~なのは…です）……240
| パターン練習❷ It's a pity that ~.（~なのは残念です）……240

40 呼応表現 パーティーに来られますか —ちょっと無理だと思います ……242
| パターン練習❶ I ~（思う）not.（~でないと思う）……244
| パターン練習❷ So ~（be動詞／助動詞）I.（私もです）……246
| パターン練習❸ Neither ~（be動詞／助動詞）I.（私もです）……248

形容詞・副詞の比較変化表 ……250
目的語に **to** 不定詞を取る動詞、動名詞を取る動詞 ……254

◉本書の使い方

1 まず**基本パターン**を確認

レッスンのテーマとなる40文が目印

上級者向けに、日常の会話で使える40の英文(=基本パターン)をそろえています。

ちょっと難しい英文はテクニックを紹介

難易度の高い英文には、「上級テク!」アイコンを付けました。ポイントが一目でわかります。

文法をわかりやすく解説

パターンを理解するために必要な文法事項を、簡潔にまとめました。しっかりおさえて、先に進みましょう。

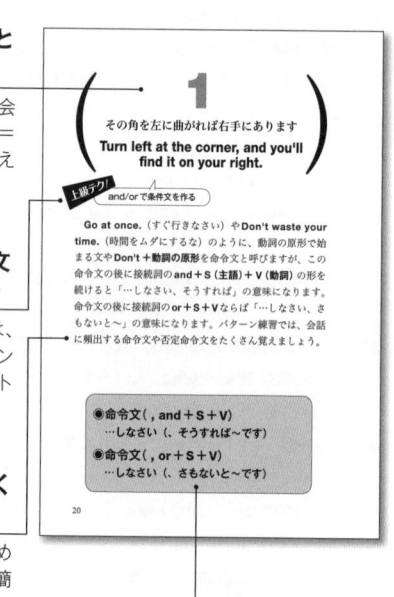

1

その角を左に曲がれば右手にあります
Turn left at the corner, and you'll find it on your right.

上級テク!　and/orで条件文を作る

　Go at once. (すぐ行きなさい) や **Don't waste your time.** (時間をムダにするな) のように、動詞の原形で始まる文や **Don't＋動詞の原形**を命令文と呼びますが、この命令文の後に接続詞の **and＋S (主語)＋V (動詞)** の形を続けると「…しなさい、そうすれば～」の意味になります。命令文の後に接続詞の **or＋S＋V**ならば「…しなさい、さもないと～」の意味になります。パターン練習では、会話に頻出する命令文や否定命令文をたくさん覚えましょう。

●命令文(, and＋S＋V)
　…しなさい(、そうすれば～です)
●命令文(, or＋S＋V)
　…しなさい(、さもないと～です)

パターンが一目瞭然

このレッスンで学習する英文をパターン化しています。要チェックです。

本書の使い方

2 次に**例文**を読んでみる

英会話力がみるみる上がる 1〜20

例文をCheck! ✓

Guess what! Tom is going to get married. ☐
あのね、トムが結婚します。

Help yourself to anything in the fridge. ☐
冷蔵庫の中の物は何でも食べてください。

Make yourself at home. ☐
くつろいでください。

Fill it up with regular, please. ☐
レギュラー満タンでお願いします。

Hurry up, and you'll catch the bus. ☐
急げばバスに間に合います。

Watch it carefully, and you'll see. ☐
よく見ればわかります。

Don't move, or I'll shoot you. ☐
動くな、さもないと撃つぞ。

Hurry up, or you'll miss the train. ☐
急がないと電車に遅れます。

Work hard, or you'll fail in business. ☐
一生懸命に働かないと事業に失敗します。

Put your coat on, or you'll catch cold. ☐
コートを着ないと風邪をひきますよ。

21

使える例文が満載

基本パターンに則ったものから、応用を利かせた高度なものまで、英会話力をアップするさまざまな例文を取り上げています。知っておくと役に立つ英文ばかりです。

意味をつかんだら音読

ひと通り確認したら、声に出して再び読んでみましょう。音読は、英文習得の近道です。読み終えたら、チェックボックスに印をつけます。

13

3 「1秒」めざして**パターン練習**

練習する英文のパターンを確認

日常生活に頻出するパターンを厳選。パターンに当てはめた英文も、バリエーション豊富にそろっています。

① 「英語（右ページ）→ 日本語（左ページ）」の順で意味をつかむ

練習に入る前に、英文の意味をしっかりつかんでおきましょう。

パターン練習 ① **Do 〜.**

私のおごりです。

私に任せなさい。

要点をついて話しなさい。

覚えておきなさい。

言われた通りにしなさい。

そのままにしておきなさい。

勘弁してよ。

(酒などをつぎながら) 頃合いを言ってください。

やってみなさい。

のんびりやってください。

22

本書の使い方

②「1文1秒」を目標に練習開始

「日本語（左ページ）を見る→英文を思い浮かべる→英語（右ページ）を確認」を繰り返し、日本語を見てすぐに英語が出てくるようになるまで、何度も練習しましょう。

英会話力がみるみる上がる1～20

～しなさい

- Be my guest.
- Leave it to me.
- Get to the point.
- Keep that in mind.
- Do as you're told.
- Leave it as it is.
- Give me a break!
- Say when.
- Give it a try.
- Take it easy.

③暗唱ができたら完璧

頭の中ですぐに英語が思い浮かぶようになったら、復習として、今度はその英語を口に出して言ってみましょう。スラスラ言えるようになれば、もう完璧です。

●本書の特長

　本書では、基本的なパターンから、応用を加えたワンランクアップの英文までをそろえています。解説をしっかり読んで、表現の幅を広げましょう。

　では具体的な例を挙げながら、本書の特長を紹介していきます。

特長1　豊富なパターン練習

　本書では、冒頭の見開き2ページで、メインとなる英文パターンと文法の仕組みを解説し、10本の例文を挙げています。さらに、続く見開き以降で、さまざまなパターンに当てはめた英文を紹介。

　この**パターン練習**は、会話で使える頻出構文を中心に、バリエーション豊富に集められています。**「1文1秒」**を目標に、日本語を見てすぐに英語が出てくるようになるまで、何度も練習しましょう。

特長2　着実に力がつく段階学習

例：レッスン16　You should have studied harder.

　「should have＋過去分詞」は、You should～（動詞の原形）型をさらに発展させた文型です。

　本書のレッスン16では、まずshouldの基本的な意味を復習し、他の似たような意味を持つ助動詞との違いを解説しながら、shouldの使い方をチェックします。そして

shouldの基本を理解したところで、should have～（過去分詞）(～するべきだったのに)の構文を学んでいきます。

　こうして、**段階を追って理解を深めていく**ことができるのです。

特長3　＋αでワンランク上の英文に

例：レッスン23　This is the restaurant I recommend.

　英語を学ぶうえで欠かせないThis is ～ .(これは～です)型の基本構文。

　本書では、このThis is～.型の構文に、「I（私）＋動詞＝私が～する」の形を加えた、応用構文までご紹介。すると、This is the restaurant I recommend.（ここは私のお薦めのレストランです）やThis is the restaurant I often visit.（ここは私がよく来るレストランです）のように、**より明確な英文を作る**ことができます。

　文法をきちんと理解すれば、パターンもすんなりと体に入ってくるはずです。繰り返し練習をして、ちょっとハイレベルの英会話を習得しましょう。

英会話力が
みるみる上がる
1~20

五感を表す動詞、to不定詞、助動詞などを使った文が登場します。あなたの想いを英語にのせて、どんどん表現してみましょう。

1

その角を左に曲がれば右手にあります

Turn left at the corner, and you'll find it on your right.

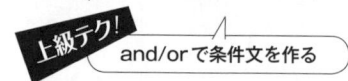

上級テク! and/orで条件文を作る

Go at once.（すぐ行きなさい）やDon't waste your time.（時間をムダにするな）のように、動詞の原形で始まる文やDon't＋動詞の原形を命令文と呼びますが、この命令文の後に接続詞のand＋S（主語）＋V（動詞）の形を続けると「…しなさい、そうすれば」の意味になります。命令文の後に接続詞のor＋S＋Vならば「…しなさい、さもないと～」の意味になります。パターン練習では、会話に頻出する命令文や否定命令文をたくさん覚えましょう。

●命令文(, and＋S＋V)
　…しなさい（、そうすれば～です）
●命令文(, or＋S＋V)
　…しなさい（、さもないと～です）

例文をCheck! ✓

Guess what! Tom is going to get married.
あのね、トムが結婚します。

Help yourself to anything in the fridge.
冷蔵庫の中の物は何でも食べてください。

Make yourself at home.
くつろいでください。

Fill it up with regular, please.
レギュラー満タンでお願いします。

Hurry up, and you'll catch the bus.
急げばバスに間に合います。

Watch it carefully, and you'll see.
よく見ればわかります。

Don't move, or I'll shoot you.
動くな、さもないと撃つぞ。

Hurry up, or you'll miss the train.
急がないと電車に遅れます。

Work hard, or you'll fail in business.
一生懸命に働かないと事業に失敗します。

Put your coat on, or you'll catch cold.
コートを着ないと風邪をひきますよ。

パターン練習 ① Do ~.

私のおごりです。

私に任せなさい。

要点をついて話しなさい。

覚えておきなさい。

言われた通りにしなさい。

そのままにしておきなさい。

勘弁してよ。

(酒などをつぎながら) 頃合いを言ってください。

やってみなさい。

のんびりやってください。

～しなさい

Be my guest.

Leave it to me.

Get to the point.

Keep that in mind.

Do as you're told.

Leave it as it is.

Give me a break!

Say when.

Give it a try.

Take it easy.

パターン練習 2 Don't ~ .

心配しないで。

どういたしまして。

遠回しに言わないで。

わざわざしなくもいいです。

心配させないで。

気をもませないで。

格好つけないで。

うぬぼれないで。

がっかりさせないで。

早合点しないで。

〜しないで

Don't worry.

Don't mention it.

Don't beat around the bush.

Don't bother.

Don't make me anxious.

Don't keep me in suspense.

Don't show off.

Don't get carried away.

Don't let me down.

Don't jump to conclusions.

2

10時15分です
It's a quarter past ten.

　時間、天候、距離や漠然とした状況を表す時に使うのが **it** です。ここでは会話独特の表現を覚えましょう。時間を表す場合、たとえばIt's 10:15.は、**It's ten fifteen.** とそのまま数字で読んでいいのですが、ネイティブスピーカーの中には素直に読んでくれない人がいます。その時のためにもう一つの読み方をマスターしましょう。その読み方は **It's a quarter past ten.** です。3時50分ならば「4時10分前」と考えて **It's ten to four.** とします。

　また、パターン練習⑤では、相手の言動に応じる **That ～.** を練習しましょう。

- **It's ＋時間**
  今～時です
- **Is it OK if I ～?**
  ～してもいいですか
- **It's your turn to ＋動詞の原形**
  あなたが～する番です

26

例文をCheck! ✓

It's half past ten.
10時30分です。

It's a quarter to six.
6時15分前です。

It's twenty-five past five.
5時25分です。

It's ten to eleven.
11時10分前です。

It's six after eight.
8時6分です。

It's about ten-minute walk from here.
ここから歩いて約10分です。

It's about one-hour drive from here.
ここから車で約1時間です。

It depends on the traffic.
交通状態によります。

Is it OK if I take a day off tomorrow?
明日休みをもらってもいいですか。

It's your turn to look after the cat.
あなたが猫の世話をする番です。

パターン練習 ① It's ～ .

7時30分です。

12時15分前です。

4時5分です。

3時25分です。

11時20分前です。

4時13分です。

7時10分前です。

8時15分です。

昼の12時です。

夜中の12時です。

(時間は)〜です

It's half past seven.

It's a quarter to twelve.

It's five after four.

It's twenty-five past three.

It's twenty to eleven.

It's thirteen past four.

It's ten to seven.

It's a quarter past eight.

It's noon.

It's twelve midnight.

パターン練習 ② It's ～.

私のおごりです。

あなた次第です。

こちらこそ。

ちんぷんかんぷんです。

喉まで出かかっているのですが。

久しぶりです。

私の手には負えません。

問題外です。

時間の問題です。

笑いごとではありません。

～です

It's on me.

It's up to you.

It's my pleasure.

It's all Greek to me.

It's on the tip of my tongue.

It's been a long time.

It's beyond me.

It's out of the question.

It's a matter of time.

It's no laughing matter.

パターン練習 3　Is it OK if I ～?

これを試着してもいいですか。

ボリュームを下げてもいいですか。

ボリュームを上げてもいいですか。

扇風機を強にしてもいいですか。

扇風機を弱にしてもいいですか。

パターン練習 4　It's your turn to ～.

あなたが食器を洗う番です。

あなたがサイコロを振る番です。

あなたが運転する番です。

あなたが歌う番です。

あなたがカードを引く番です。

～してもいいですか

Is it OK if I try this on?

Is it OK if I turn down the volume?

Is it OK if I turn up the volume?

Is it OK if I turn the fan on high?

Is it OK if I turn the fan on low?

あなたが～する番です

It's your turn to do the dishes.

It's your turn to throw the dice.

It's your turn to drive.

It's your turn to sing.

It's your turn to draw a card.

パターン練習 ⑤ That ~ .

それはあなたには関係ありません。

それは朝飯前です。

うんざりです。

それはいいニュースです。

そんなものです。

それは的はずれです。

ご親切にありがとうございます。

それで思い出した。

(なるほど)それでわかった。

それは申し分ない。

それは〜です

That's none of your business.

That's a piece of cake.

That's enough.

That's good news.

That's the way it is.

That's beside the point.

That's very nice of you.

That reminds me.

That explains it.

That hits the spot.

3

それはどんな味ですか
How does it taste?

　This is my computer.（これは私のコンピュータです）のように、be動詞（is、am、are）は左右のものをイコールの形で結び付ける役割を果たしますが、これと同じ働きをする動詞に五感を表す**sound**（聞こえる）、**taste**（味がする）、**smell**（においがする）、**feel**（感じがする）、**seem**（〜のようだ）などがあります。たとえば、This is hot. と言った場合、「これは熱い」なのか「これは辛い」なのかはっきりしません。こんな時に、**This tastes hot.** と言えば「辛い」ことをはっきり伝えることができるわけです。これらの五感を表す動詞は会話には必須です。

●**That sounds 〜**
　それは〜ですね

●**It seems＋S＋V**
　〜のようです

例文をCheck!

How about going to Hawaii this summer?
今年の夏にハワイに行くのはどうですか。

That sounds great.
それはいいね。

How are you feeling today?
今日の気分はどうですか。

I feel much better.
だいぶ良くなりました。

What seems to be the problem?
どこが悪いようですか。

I have a slight fever.
ちょっと熱があります。

These grapes taste too sour.
このブドウは酸っぱすぎます。

This cake smells of brandy.
このケーキはブランデーのにおいがする。

He seems happy with his new job.
彼は新しい仕事に満足しているようだ。

It seems that he is getting overweight.
彼は太りすぎてきたようだ。

パターン練習 ① That sounds ~ .

それはいいですね。

それは面白そうですね。

それはつまらなそうですね。

それはおかしいですね。

それは変ですね。

それは楽しそうですね。

それは間が抜けた話ですね。

それはいい考えですね。

それは楽しそうですね。

それはすばらしい考えですね。

～そうですね

That sounds good.

That sounds interesting.

That sounds boring.

That sounds funny.

That sounds strange.

That sounds amusing.

That sounds silly.

That sounds like a good idea.

That sounds like fun.

That sounds like an excellent idea.

パターン練習 2   This … tastes ～.

このスープは美味しい。

このスープは塩辛すぎる。

このスープは味が薄い。

このビールは気が抜けている。

このカレーは辛すぎる。

パターン練習 3   It seems ～.

彼女はスリムになってきたようだ。

彼は何でも知っているようだ。

彼は全然勉強しなかったようだ。

彼はジェーンと付き合っているようだ。

この本は売れそうだ。

この…は〜の味がする

This soup tastes good.

This soup tastes too salty.

This soup tastes bland.

This beer tastes flat.

This curry tastes too hot.

〜のようだ

It seems she is getting slim.

It seems he knows everything.

It seems he didn't study at all.

It seems he is going out with Jane.

It seems this book is going to sell well.

パターン練習 4 I feel ~ .

子供たちと遊んでいると楽しい。

緊張している。

憂鬱です。

ちょっと熱っぽい。

場違いな感じです。

パターン練習 5 I have ~ .

風邪をひいています。

頭が痛い。

ひどい二日酔いです。

花粉症です。

肩がこっています。

～な感じです

I feel happy playing with the kids.

I feel nervous.

I feel blue.

I feel a bit feverish.

I feel out of place.

～(症状)です

I have a cold.

I have a headache.

I have a terrible hangover.

I have hay fever.

I have stiff shoulders.

4
ロシア語は中国語と同じくらい難しい
Russian is as difficult as Chinese.

　2つの物や2人の者を比べた時に、その程度が同等の場合の表現に **as ＋形容詞／副詞＋ as ～** があります。「ロシア語は中国語と同程度に難しい」なら **Russian is as difficult as Chinese.** です。これを否定文にすると **Russian isn't as difficult as Chinese.** ですが、これは「ロシア語は中国語ほど難しくない」という意味になります。また、比べるのではなく、漠然と「それほど～でない」ことを表す **Russian isn't so difficult.**（ロシア語はそれほど難しくない）の形も覚えておくとよいでしょう。

- **●as ＋形容詞／副詞＋ as ～**
  ～と同じくらい…
- **●S isn't so ＋形容詞**
  Sはそれほど～でない

例文をCheck! ✓

This quiz is as hard as that quiz.
この問題はあの問題と同じくらい難しい。

I want to speak French as well as you.
あなたと同じくらい上手にフランス語を話したい。

She became as beautiful as her mother.
彼女は母親と同じくらい美人になった。

This wine isn't as good as that wine.
このワインはあのワインほど美味しくない。

My car isn't as expensive as yours.
私の車はあなたの車ほど高くない。

My car doesn't run as fast as yours.
私の車はあなたの車ほど速くない。

His English isn't as fluent as mine.
彼の英語は私の英語ほど流暢ではない。

This problem isn't so difficult.
この問題はそれほど難しくはない。

His joke isn't so funny.
彼のジョークはそんなに面白くない。

He isn't so rich as you think.
彼はあなたが思っているほど金持ちではない。

パターン練習 1 I'm not so ～ .

それほどお腹が空いていない。

それほど疲れていない。

それほど緊張していない。

そんなに興奮していない。

そんなに本気ではない。

パターン練習 2 He isn't so ～ .

彼はそんなにハンサムではない。

彼はそんなに意地悪くない。

彼はそんなに厳しくない。

彼はそんなに勇敢ではない。

彼はそんなに臆病者ではない。

それほど〜ではない

I'm not so hungry.

I'm not so tired.

I'm not so nervous.

I'm not so excited.

I'm not so serious.

彼はそんなに〜ではない

He isn't so handsome.

He isn't so mean.

He isn't so strict.

He isn't so courageous.

He isn't so timid.

5

モンブランは富士山よりも高い
Mt. Blanc is higher than Mt. Fuji.

　2つの物や2人の者を比べて、「どっちの方がより～だ」という時の表現です。基本的には形容詞や副詞の比較級の後に**than**～（比べられるもの）を続けます。比較級の作り方は、high-**higher**、small-**smaller**のように語尾に**-er**をつけます。ただし、語尾が「子音＋y」の場合は、happy-**happier**、busy-**busier**のように、yをiに変えてからerをつけ、hot-**hotter**、big-**bigger**のように、語尾が「短母音＋子音」の場合は最後の子音を重ねてerをつけます。また、beautifulやimportantなど比較的長い単語の比較級は**more** beautiful、**more** importantとなります。

- ●S is ～ er than …
- ●S is more ～ than …
  Sは…よりも～です

例文をCheck! ✓

His house is larger than mine.
彼の家は私の家より大きい。

She is prettier than her twin sister.
彼女は双子の妹(姉)より可愛い。

She looks younger than she really is.
彼女は実際よりも若く見える。

He looks much older than me.
彼は私よりずっと年上に見える。

Which do you like better, tea or coffee?
紅茶とコーヒーのどちらがいいですか。

I like tea better than coffee.
コーヒーより紅茶の方がいいです。

He's much cleverer than me.
私より彼の方がずっと頭が良い。

The days are getting longer.
日が長くなってきている。

Which is more popular, sumo or judo?
相撲と柔道のどっちが人気がありますか。

We've had more sunny days this July.
今年の7月は晴れの日が多かった。

パターン練習 ① I like ~ better than ….

缶ビールより生ビールの方がいい。

白ワインより赤ワインの方がいい。

鱈のステーキよりサーモンステーキの方がいい。

胡椒より塩の方がいい。

ショウガよりニンニクの方がいい。

ソースより醤油の方がいい。

ケチャップよりマヨネーズの方がいい。

カラシより西洋ワサビの方がいい。

タマネギよりエシャロットの方がいい。

牛肉より豚肉の方がいい。

…より〜の方がいい

I like draft beer better than canned.

I like red wine better than white.

I like salmon steak better than cod.

I like salt better than pepper.

I like garlic better than ginger.

I like soy sauce better than Worcester.

I like mayonnaise better than ketchup.

I like horseradish better than mustard.

I like shallots better than onions.

I like pork better than beef.

パターン練習 ② This is much ~ er than that.

こっちの方がずっと大きいです。

こっちの方がずっと古いです。

こっちの方がずっと安いです。

こっちの方がずっと簡単です。

こっちの方がずっと良いです。

パターン練習 ③ It's much ~ er today than yesterday.

今日は昨日よりずっと暖かいです。

今日は昨日よりずっと寒いです。

今日は昨日よりずっと涼しいです。

今日は昨日よりずっと暑いです。

今日は昨日よりずっと蒸し暑いです。

こっちの方が(そっちより)ずっと〜です

This is much bigger than that.

This is much older than that.

This is much cheaper than that.

This is much easier than that.

This is much better than that.

今日は昨日よりずっと〜です

It's much warmer today than yesterday.

It's much colder today than yesterday.

It's much cooler today than yesterday.

It's much hotter today than yesterday.

It's much muggier today than yesterday.

パターン練習 4 — Which is more ~?

どっちの方が高価ですか。

どっちの方が大切ですか。

どっちの方が役に立ちますか。

どっちの方が難しいですか。

どっちの方が面白いですか。

どっちの方が人気がありますか。

どっちの方がきれいですか。

どっちの方が有名ですか。

どっちの方がイケメンですか。

どっちの方が自然ですか。

どっちの方が〜ですか

Which is more expensive?

Which is more important?

Which is more useful?

Which is more difficult?

Which is more interesting?

Which is more popular?

Which is more beautiful?

Which is more famous?

Which is more good-looking?

Which is more natural?

6

エベレスト山は世界で一番高い山です
Mt. Everest is the highest mountain in the world.

3つ（3人）以上の中で「一番～だ」（最上級）を表す表現です。語尾に **-est** をつけて、high-higher-**highest**、small-smaller-**smallest** のようにします。ただし、語尾が「子音＋y」の場合は、happy-happier-**happiest**、busy-busier-**busiest** のように y を i に変えてから est をつけ、hot-hotter-**hottest**、big-bigger-**biggest** のように語尾が「短母音＋子音」の場合は最後の子音を重ねて est をつけます。また、beautiful や important など比較的長い単語の最上級は **most** beautiful、**most** important になります。最上級には **the** をつけることを忘れないでください。

● **S is the ～est in/of ＋単数形**
　S is the most ～ in/of ＋単数形
　Sは…の中で一番～です

英会話力がみるみる上がる **1～20**

例文をCheck! ✓

January is the coldest month of the year. ☐
1月は一年で一番寒い月です。

February is the shortest month of the year. ☐
2月は一年で一番短い月です。

Greenland is the largest island in the world. ☐
グリーンランドは世界で一番大きな島です。

Who is the fastest runner in the world? ☐
世界で最速のランナーは誰ですか。

She is one of the best singers in Japan. ☐
彼女は日本で一番歌のうまい歌手の一人です。

He is one of the most famous actors in Japan. ☐
彼は日本で一番有名な俳優の一人です。

Tokyo is one of the biggest cities in the world. ☐
東京は世界で最大の都市の一つです。

I like winter the best of all the seasons. ☐
四季の中で冬が一番好きです。

Osaka is the second biggest city in Japan. ☐
大阪は日本で二番目に大きな都市です。

What is the most popular sport in China? ☐
中国で一番人気のあるスポーツは何ですか。

パターン練習: What is the ~est <<< in …?

フランスで一番長い川は何ですか。

ヨーロッパで一番高い山は何ですか。

アメリカで一番高いビルは何ですか。

アメリカで一番大きい州はどこですか。

オーストラリアで一番大きい都市はどこですか。

京都で一番古い寺はどこですか。

ニューヨークで一番寒い月はいつですか。

カリフォルニアで一番暑い月はいつですか。

イングランドで一番深い湖はどこですか。

東京で一番小さい区はどこですか。

…で一番~なくくくは何ですか

What is the longest river in France?

What is the highest mountain in Europe?

What is the tallest building in America?

What is the largest state in America?

What is the biggest city in Australia?

What is the oldest temple in Kyoto?

What is the coldest month in New York?

What is the hottest month in California?

What is the deepest lake in England?

What is the smallest ward in Tokyo?

7

一杯飲みに行きたい
I want to go for a drink.

　to＋動詞の原形の形を一般に**to不定詞**と呼びますが、本講では動詞の目的語（～することを）としての役割を果たす名詞的用法を取り上げます。to不定詞は元々、go to Tokyo（東京へ行く）の前置詞のtoと同じように、「方向性」を表すのが基本なので、「～することに決める」とか「～することを忘れる」のように、これから先のことを示唆する意味の動詞に、to不定詞が続きます。

　I want to go for a drink. の直訳は「私は飲みに行くことを望む」ですが、「一杯飲みに行きたい」と訳します。

●**decide to＋動詞の原形**
　～することに決める

●**forget to＋動詞の原形**
　～することを忘れる

60

例文をCheck! ✓

Bill has decided to apply for the job.
ビルはその仕事に応募しようと決心した。

Don't forget to turn in your homework.
宿題を出すのを忘れないように。

I hope to see you again.
またお会いできるといいですね。

I tried to call her, but I couldn't.
彼女に電話しようとしたができなかった。

Remember to say hello to your wife.
忘れずに奥さんによろしく言ってください。

I didn't mean to offend you.
あなたを傷つけるつもりはなかった。

Don't hesitate to call me any time.
いつでも遠慮せずに電話してください。

I intended to be a lawyer, but I couldn't.
弁護士になるつもりだったがなれなかった。

I promise not to cry anymore.
もう泣かないと約束します。

I'm planning to visit my aunt tomorrow.
明日おばを訪ねるつもりです。

パターン練習 1 I've decided to ~.

外国に留学することに決めた。

ダイエットすることに決めた。

コンテストに参加することに決めた。

大学に進学することに決めた。

大学院に進学することに決めた。

パターン練習 2 I've decided not to ~.

減量しないことに決めた。

彼女に新しいパソコンを買わないことに決めた。

彼女と結婚しないことに決めた。

転職しないことに決めた。

引っ越さないことに決めた。

～することに決めた

I've decided to study abroad.

I've decided to go on a diet.

I've decided to take part in the contest.

I've decided to go on to college.

I've decided to go on to graduate school.

～しないことに決めた

I've decided not to lose weight.

I've decided not to buy a new PC.

I've decided not to get married to her.

I've decided not to change jobs.

I've decided not to move.

パターン練習 3 Don't forget to ～.

忘れずに目覚ましを6時にセットしてください。

忘れずに傘を持って行ってください。

忘れずにパスポートを持って来て。

途中忘れずに手紙を投函してください。

忘れずに駅まで出迎えてください。

忘れずに宿題をしなさい。

着いたら忘れずに電話して。

忘れずにメールをチェックして。

忘れずに家の戸締まりをしてください。

忘れずに上野で乗り換えてください。

忘れずに〜して

Don't forget to set the alarm for six.

Don't forget to take your umbrella.

Don't forget to bring your passport.

Don't forget to mail the letter on the way.

Don't forget to meet me at the station.

Don't forget to do your homework.

Don't forget to call me when you arrive.

Don't forget to check your e-mail.

Don't forget to lock up the house.

Don't forget to transfer at Ueno.

8

すぐに来てほしい
I want you to come at once.

上級テク! to不定詞の意味上の主語をOで示す

前項に続いてto不定詞の名詞的用法ですが、**V+O（目的語）+to不定詞**の形で、Oがする内容をto+動詞の原形で表します。たとえば、I want you to come at once. なら you（あなた）がto come at once（すぐに来る）ことを望む、から「あなたにすぐに来てほしい」という意味になります。ただし、I want you to ～ . の形は話し手の直接的な願望を伝えるので、改まった場面や目上の人に対しては、I'd like you to ～ . を使ってください。

- ●want＋O＋to＋動詞の原形
  Oに～してほしい
- ●tell＋O＋to＋動詞の原形
  Oに～するように言う

例文をCheck! ✓

I want you to finish it by noon.
正午までにそれを終わらせてほしい。

I'd like you to come with me.
一緒に来てほしいのですが。

I don't want you to behave like that.
そんな風に振る舞ってもらいたくない。

Will you tell her to hurry up?
彼女に急ぐように言ってくれますか。

Will you ask Bob to come right away?
ボブにすぐに来るように頼んでくれますか。

I expect the bus to come on time.
バスは時間通りに来ると思います。

The doctor advised me not to smoke.
医者は私にタバコを吸わないように忠告した。

The teacher ordered me to stand up.
先生は私に立ちなさいと命令した。

I need you to check these figures.
この数字が合っているかどうかチェックしてほしい。

Do you want me to get you a drink?
飲み物をもらって来ましょうか。

パターン練習 ① I want you to 〜 .

一緒に来てほしい。

私と一緒にここにいてほしい。

本当のことを言ってほしい。

もっと自信をもってほしい。

仕事を探してほしい。

キスしてほしい。

急いでほしい。

謝ってほしい。

両親に会ってほしい。

ゲップするのをやめてほしい。

～してほしい

I want you to come with me.

I want you to be here with me.

I want you to tell the truth.

I want you to be more confident.

I want you to look for a job.

I want you to give me a kiss.

I want you to hurry up.

I want you to apologize to me.

I want you to meet my parents.

I want you to stop burping.

パターン練習 ② Do you want me to ~?

君の代わりに行こうか。

お茶をいれようか。

ミオを紹介しようか。

写真を撮ろうか。

荷物を持とうか。

窓を閉めようか。

リンゴをむこうか。

家まで車で送ろうか。

(料理を) 何か作ろうか。

テレビをつけようか。

～しようか

Do you want me to go in your place?

Do you want me to make some tea?

Do you want me to introduce Mio to you?

Do you want me to take your picture?

Do you want me to carry your baggage?

Do you want me to close the window?

Do you want me to peel the apple?

Do you want me to drive you home?

Do you want me to cook something?

Do you want me to turn on the TV?

9

私がその質問に答えるのは簡単です

It is easy for me to answer the question.

上級テク! to不定詞の意味上の主語をfor/ofで表す

単に「その質問に答えるのは簡単です」は **It is easy to answer the question.** ですが、誰が答えるかをハッキリさせる時に、to answerの前に **for＋人（目的格）** を置きます。また、**It is** に続く形容詞が、**brave**（勇敢な）、**cruel**（残酷な）など人の性質や性格を表す場合は、forではなく **of** を使います。**How nice of you to ～!** は相手に感謝の意を示す会話必須表現です。

- **It is ～（形容詞）＋for＋人＋to＋動詞の原形**
  人が…するのは～です

- **It is ～（性質などを表す形容詞）＋of＋人＋to＋動詞の原形**
  人が…するとは～です

例文をCheck! ✓

It's dangerous for you to go there alone.
あなたが一人でそこに行くのは危険です。

It's easy for him to solve the problem.
彼がその問題を解くのは簡単です。

It's hard for me to run 10 kilometers.
私が10キロ走るのは難しい。

It's better for you to eat more fruit.
あなたはもっとフルーツを食べた方がいい。

It's brave of him to fight such an enemy.
そんな敵と戦うとは彼は勇敢だ。

It's cruel of him to ignore her.
彼女を無視するとは彼は残酷だ。

It's wise of him to refuse the offer.
そのオファーを断るとは彼は賢明だ。

How nice of you to come!
来てくれてありがとうございます。

How stupid of me to forget her birthday!
彼女の誕生日を忘れるとは何て私は愚か者。

How smart of you to quit smoking!
タバコをやめるとは何て賢明だ。

パターン練習 ① It's better for you to ~.

早く寝た方がいいです。

早く起きた方がいいです。

早く出発した方がいいです。

シャワーを浴びた方がいいです。

歯医者に行った方がいいです。

定期診断を受けた方がいいです。

席を予約した方がいいです。

うがいした方がいいです。

サングラスをかけた方がいいです。

コートを着た方がいいです。

～した方がいいです

It's better for you to go to bed early.

It's better for you to get up early.

It's better for you to start early.

It's better for you to take a shower.

It's better for you to go to the dentist.

It's better for you to have a regular checkup.

It's better for you to reserve a seat.

It's better for you to gargle.

It's better for you to wear sunglasses.

It's better for you to put on your coat.

パターン練習 2 — How nice of you to ～!

パーティーに来てくれてありがとうございます。

そのことを言ってくれてありがとうございます。

気付かせてくれてありがとうございます。

席を譲ってくれてありがとうございます。

CDを貸してくれてありがとうございます。

そう言ってくれてありがとうございます。

それを知らせてくれてありがとうございます。

道案内をしてくれてありがとうございます。

案内をしてくれてありがとうございます。

私の誕生日を覚えていてくれてありがとう。

～してくれてありがとうございます

How nice of you to come to the party!

How nice of you to tell me about it!

How nice of you to remind me!

How nice of you to give up your seat!

How nice of you to lend me your CDs!

How nice of you to say so!

How nice of you to let me know that!

How nice of you to show me the way!

How nice of you to show me around!

How nice of you to remember my birthday!

10

何か飲み物をください
Give me something to drink.

上級テク! to不定詞で名詞を修飾する

a dog <u>barking at me</u>（私に吠えている犬）のように、複数のまとまった意味を持つ語句が名詞を修飾する場合は、下線部のように名詞の直後に続けるという決まりがありますが、to不定詞の形容詞的用法も同じです。つまり、**something to drink**（飲み物）は**something**という名詞の後に**to drink**を置いた形です。

●名詞＋to＋動詞の原形
〜する（ための）…

例文をCheck! ✓

There's no need to hurry.
急ぐ必要はない。

There's nothing to worry about.
心配することは何もない。

I have somewhere to go.
行くところがあります。

I have a lot of things to do today.
今日はすることがたくさんある。

I didn't have a chance to meet him.
彼に会う機会はなかった。

I've got something to tell you.
あなたに話すことがある。

I have nothing to declare.
申告するものはない。

I didn't have the nerve to resign my position.
辞職する勇気はなかった。

He had the nerve to tell me a lie.
彼は厚かましくも私に嘘をついた。

It's time to go to bed.
もう寝る時間です。

パターン練習 1　I didn't have the nerve to ～.

彼女にプロポーズする勇気がなかった。

彼女をデートに誘う勇気がなかった。

人前で話す勇気がなかった。

本当のことを言う勇気がなかった。

新しい事業を始める勇気がなかった。

パターン練習 2　He had the nerve to ～.

彼は厚かましくも上司に賃上げを求めた。

彼は厚かましくも私にお金をくれと言った。

彼は厚かましくも私の年を尋ねた。

彼は厚かましくも上司に指図した。

彼は厚かましくも私の提案に反対した。

～する勇気がなかった

I didn't have the nerve to propose to her.

I didn't have the nerve to ask her out.

I didn't have the nerve to speak in public.

I didn't have the nerve to tell the truth.

I didn't have the nerve to open a business.

彼は厚かましくも～した

He had the nerve to ask his boss for a raise.

He had the nerve to ask me for money.

He had the nerve to ask my age.

He had the nerve to tell his boss what to do.

He had the nerve to oppose my proposal.

パターン練習 3 It's time to ～.

もう起きる時間だ。

もう学校へ行く時間だ。

もう夕食の準備をする時間だ。

もう仕事を始める時間だ。

もう休憩を取る時間だ。

もう昼食を取る時間だ。

もう子供たちを起こす時間だ。

もう子供たちを寝かせる時間だ。

もう夕食の買い物に行く時間だ。

もう家に帰る時間だ。

もう~する時間だ

It's time to get up.

It's time to leave for school.

It's time to prepare for dinner.

It's time to start working.

It's time to take a break.

It's time to have lunch.

It's time to wake up the kids.

It's time to put the kids to bed.

It's time to go shopping for dinner.

It's time to go home.

11

彼女は美術を勉強しにパリに行った
She went to Paris to study art.

　S＋Vの後にto不定詞、あるいは、形容詞や副詞の後にto不定詞を取る形を、副詞的用法と言います。to＋動詞の原形で、「目的（～するために）」や「理由・原因（～して）」などの意味を表します。特に後者の場合は、直前に喜怒哀楽を表す形容詞が置かれます。

　上記の She went to Paris to study art. は、直訳すると「彼女は美術を勉強するためにパリに行った」ですが、「彼女は美術を勉強しに…」と訳しました。

●S＋V＋to＋動詞の原形
　…するために～する

●S is ～（喜怒哀楽を表す形容詞）＋to＋動詞の原形
　…して～だ

例文をCheck!

I've come here to help you.
お手伝いをしにここに来ました。

What can we do to reduce trash?
ゴミを減らすために何ができるだろう。

He came to the airport to see me off.
彼は私を見送りに空港まで来てくれた。

I went to the station to pick her up.
彼女を迎えに駅まで行った。

I'll be happy to come.
喜んで参ります。

I'm glad to see you again.
またお会いできて嬉しいです。

I'm sorry to hear that.
それはお気の毒です。

I'm sorry to have kept you waiting.
お待たせしてすみません。

I'm very sad to hear he was fired.
彼が解雇されたと聞いてとても悲しい。

Be careful not to make a mistake.
間違わないように注意しなさい。

パターン練習 1 He came here to ～ .

彼は両親に会いにここに来た。

彼はおじの見舞いにここに来た。

彼は会議に出席するためにここに来た。

彼は英語を教えにここに来た。

彼は書道を勉強しにここに来た。

パターン練習 2 I've come here to ～ .

マラソンに参加するためにここに来た。

新しい事業を始めるためにここに来た。

フランス語の学校を設立するためにここに来た。

エイズの講義をしにここに来た。

別荘を買うためにここに来た。

彼は~するためにここに来た

He came here to meet his parents.

He came here to visit his uncle.

He came here to attend the conference.

He came here to teach English.

He came here to study calligraphy.

~するためにここに来た

I've come here to take part in a marathon.

I've come here to start a business.

I've come here to set up a French school.

I've come here to give a lecture on AIDS.

I've come here to buy a second house.

パターン練習 3 I was ~ to hear that.

それを聞いてびっくりした。

それを聞いて悲しかった。

それを聞いてホッとした。

それを聞いてがっかりした。

それを聞いて嬉しかった。

パターン練習 4 I'm glad to hear ~.

彼が金メダルを獲ったと聞いて嬉しい。

アリスに赤ちゃんができたと聞いて嬉しい。

彼が満点を取ったと聞いて嬉しい。

彼が昇給したと聞いて嬉しい。

彼が昇進したと聞いて嬉しい。

それを聞いて〜だった

I was surprised to hear that.

I was sad to hear that.

I was relieved to hear that.

I was disappointed to hear that.

I was glad to hear that.

〜だと聞いて嬉しい

I'm glad to hear he won the gold medal.

I'm glad to hear Alice had a baby.

I'm glad to hear he got a full mark.

I'm glad to hear he got a pay raise.

I'm glad to hear he got a promotion.

パターン練習 5 — Be careful not to ～.

風邪をひかないように注意しなさい。

間違いを繰り返さないように注意しなさい。

滑らないように注意しなさい。

寝坊しないように注意しなさい。

食べすぎないように注意しなさい。

飲みすぎないように注意しなさい。

指を切らないように注意しなさい。

コップを割らないように注意しなさい。

コードにつまずかないように注意しなさい。

ニンニクを焦がさないように注意しなさい。

～しないように注意しなさい

Be careful not to catch a cold.

Be careful not to repeat the mistake.

Be careful not to slip.

Be careful not to oversleep.

Be careful not to eat too much.

Be careful not to drink too much.

Be careful not to cut your fingers.

Be careful not to break the glasses.

Be careful not to trip over the wire.

Be careful not to burn the garlic.

12

その鳥は弱っていて飛ぶことができない
The bird is too weak to fly.

　形容詞＋to不定詞の形で形容詞にtooかenoughがついたフレーズです。たとえば、**too＋形容詞＋to不定詞**を使ったThe bird is too weak to fly.なら「その鳥は飛ぶには弱すぎる」から「その鳥は弱っていて飛ぶことができない」という意味に、**形容詞＋enough＋to不定詞**を使ったHe is clever enough to solve the problem.なら「彼はその問題を解くには十分賢い」から「彼は賢いのでその問題を解くことができる」という意味になります。

● **too＋形容詞＋to＋動詞の原形**
　〜なので…できない

● **〜＋形容詞＋enough to＋動詞の原形**
　〜なので…できる

例文をCheck! ✓

The dog is too old to walk.
その犬は年をとって歩けない。

The news is too good to be true.
その知らせは話がうますぎて信じられない。

He's too young to get married.
彼は若すぎて結婚できない。

This coffee is too hot to drink.
このコーヒーは熱くて飲めない。

This question is too hard to answer.
この質問は難しくて答えられない。

The grass is too wet to sit on.
芝生は湿っていて座れない。

The pool is deep enough to dive into.
プールは飛び込みができるほどの深さだ。

He was foolish enough to believe her.
彼は彼女を信じるほど愚かだった。

It's small enough to put into my pocket.
それはポケットに入るほど小さい。

He was kind enough to show me the way.
彼は親切にも道案内をしてくれた。

パターン練習 ① He's too ~ to ….

彼は年で車を運転できない。

彼は酔っていてきちんとしゃべれない。

彼は疲れていて動けない。

彼は忙しくて今日私に会えない。

彼は若すぎてクラブに入れない。

パターン練習 ② It's too ~ to ….

寒すぎてプールで泳げない。

遠すぎて歩いて行けない。

暑すぎてこの部屋では勉強できない。

暗すぎて本が読めない。

暑すぎて外に出る気がしない。

彼は~で…できない

He's too old to drive.

He's too drunk to talk properly.

He's too tired to move.

He's too busy to meet me today.

He's too young to join the club.

~で…できない

It's too cold to swim in the pool.

It's too far to walk.

It's too hot to study in this room.

It's too dark to read books.

It's too hot to feel like going out.

13

テストに合格できた
I was able to pass the test.

　助動詞canの過去形はcouldですが、使い方に注意してください。たとえば、「私はテストに合格できた」はI could pass the test.とは言わず**I was able to pass the test.**と言います。つまり、「～できた」という意味では**was/were able to ～**で表します。ただし、「～できなかった」はcouldn'tで構いません。また、canには「～できる」という意味の他に否定文で「～のはずがない」や疑問文で「一体～だろうか」という意味もあるので注意してください。

　また、「～だったはずがない」は**can't have＋過去分詞**の形をとります。

●**was/were able to ～**
　～できた

●**can't have＋過去分詞**
　～だったはずがない

例文を**Check!**

My father can speak German.
父はドイツ語を話せます。

My parents are able to speak Russian.
私の両親はロシア語を話せます。

I couldn't pass the driver's test.
運転免許の試験に合格できなかった。

I was able to swim when I was a child.
子供の頃は泳ぐことができました。

That can't be.
そんなはずはない。

The news can't be true.
そのニュースは本当のはずがない。

He can't be working at this hour.
彼はこんな時間に働いているはずがない。

Can the rumor be true?
一体、その噂は本当でしょうか。

He can't have told a lie.
彼が嘘をついたはずがない。

She can't have failed the exam.
彼女が試験に落ちたはずがない。

パターン練習 ① I was able to ～.

11秒で100メートルを走ることができた。

子供の頃はこの木に登ることができた。

1日でこの小説を読むことができた。

1時間でこの問題を解くことができた。

自転車を修理することができた。

パターン練習 ② He can't have ～（過去分詞）.

彼が列車に乗り遅れたはずがない。

彼が列車に間に合ったはずがない。

彼が一青窈さんのコンサートに行かなかったはずがない。

彼が彼女と別れたはずがない。

彼が学校をサボったはずがない。

～することができた

I was able to run 100 meters in 11 second.

I was able to climb this tree when I was a child.

I was able to read this novel in a day.

I was able to solve this problem in an hour.

I was able to repair my bike.

彼が～したはずがない

He can't have missed the train.

He can't have caught the train.

He can't have missed Hitoto Yo's concert.

He can't have broken up with her.

He can't have skipped school.

14

彼は違う列車に乗ったに違いない

He must have taken the wrong train.

上級テク! 助動詞 must で過去の推量を表す

　助動詞 must には「〜しなければならない」という義務と「〜に違いない」という断定的な推量の意味があります。後者は must の後に be を伴うことが多いようです。また、「〜だったに違いない」を表す場合は **must have ＋過去分詞**の形を使います。

　義務を表す must の否定文は「〜してはいけない」という禁止の意味になることや、must の同義表現の **have to 〜**、**need to 〜** もチェックしましょう。

- ●**mustn't 〜**
  　〜してはいけない
- ●**must be 〜 ing**
  　〜しているに違いない
- ●**must have ＋過去分詞**
  　〜だったに違いない

例文をCheck! ✓

You look pale. You must be sick.
顔色が悪いです。病気に違いありません。

I must work overtime today.
今日は残業をしなければいけません。

I had to be home by seven o'clock.
7時までに家に帰らなければならなかった。

There must be some mistake.
何か間違いがあるに違いない。

You mustn't repeat the same mistake.
同じ間違いを繰り返してはいけません。

You need to make seat reservations.
座席の予約をする必要があります。

You didn't have to bring your lunch.
昼食を持って来る必要はありませんでした。

You must be joking.
冗談でしょ。

I must have left it on the bus.
バスに置いて来たに違いない。

The rumor must have been false.
その噂は嘘であったに違いない。

パターン練習 ① You mustn't ～.

約束を破ってはいけません。

ゴミを通りに捨ててはいけません。

校則を破ってはいけません。

ここにゴミを捨ててはいけません。

食卓でゲップをしてはいけません。

スープは音を立てて飲んではいけません。

ガムを吐いてはいけません。

ここに自転車を止めてはいけません。

ピアスをしてはいけません。

私用で電話を使ってはいけません。

～してはいけません

You mustn't break your promise.

You mustn't throw trash on the street.

You mustn't violate school regulations.

You mustn't dump here.

You mustn't burp at the table.

You mustn't slurp your soup.

You mustn't spit out gum.

You mustn't park your bike here.

You mustn't wear pierced earring.

You mustn't use the phone for private use.

パターン練習 2 She must be ~ing.

彼女は一休みしているに違いない。

彼女はトムとデートしているに違いない。

彼女はジムでトレーニングしているに違いない。

彼女はバーで一杯飲んでいるに違いない。

彼女はピアノの練習をしているに違いない。

パターン練習 3 She must have ~(過去分詞).

彼女は迷子になったに違いない。

彼女は違う列車に乗ってしまったに違いない。

彼女は頭がどうかしていたに違いない。

彼女は交通事故に遭ったに違いない。

彼女は会議に遅れたに違いない。

彼女は〜しているに違いない

She must be taking a break.

She must be having a date with Tom.

She must be working out in the gym.

She must be having a drink at a bar.

She must be practicing the piano.

彼女は〜したに違いない

She must have lost her way.

She must have taken the wrong train.

She must have been out of her mind.

She must have had a traffic accident.

She must have been late for the meeting.

15

彼は私に嘘をついていたかもしれない
He may have told me a lie.

上級テク！ 助動詞mayで過去の推量を言う

　助動詞**may**は「〜かもしれない」という推量と、改まった状況で「〜してもよい」という許可を表します。ただし禁止を表す**may not＋動詞の原形**は、権力がある者が目下の者に「〜してはいけない」と言うニュアンスがあるので使わない方が無難でしょう。また、「〜だったかもしれない」は**may have＋過去分詞**の形を使います。**might have＋過去分詞**は実現したかどうかの可能性の低さを暗示させます。

●**may have＋過去分詞**
〜だったかもしれない

例文を Check! ✓

May I have one more, mom?
お母さん、もう一つ食べてもいいですか。

Sure.
いいわよ。

May I park my car here?
ここに駐車してもよろしいですか。

I'm afraid you can't.
いや、できませんが。

You may not smoke in here.
ここでタバコを吸ってはいけません。

He may come, or he may not.
彼は来るかもしれないし来ないかもしれない。

It may sound strange, but it's true.
変な話かもしれませんが本当です。

Maybe he doesn't know her.
たぶん彼は彼女を知らないでしょう。

He may have caught the last train.
彼は終電に間に合ったかもしれない。

He may not have known it.
彼はそのことを知らなかったかもしれない。

パターン練習 ① May I ~ ?

ご注文を伺ってもよろしいですか。

失礼してもよろしいですか。

どちらのご出身かお聞きしてもよろしいですか。

何歳かお聞きしてもよろしいですか。

(電話で) どちら様ですか。

パターン練習 ② He may have ~(過去分詞).

彼はケガをしたかもしれない。

彼はインフルエンザにかかったかもしれない。

彼は映画に行ったのかもしれない。

彼は飛行機に乗り遅れたかもしれない。

彼は試験に落ちたかもしれない。

～してもよろしいですか

May I take your order?

May I be excused?

May I ask where you are from?

May I ask how old you are?

May I ask who's calling, please?

彼は～だったかもしれない

He may have been injured.

He may have had the flu.

He may have gone to the movies.

He may have missed the plane.

He may have failed the exam.

16

もっと一生懸命勉強するべきだったのに
You should have studied harder.

上級テク! 過去の後悔を助動詞shouldで表現する

助動詞shouldはought toと同じ意味で義務を表しますが、他の義務を表す助動詞（**must**、**have to**など）に比べて強制力は弱く、アドバイスにぴったりです。また、「〜するべきだ」の意味の他に「〜のはずだ」という意味もあります。**should have ＋過去分詞**は、「〜するべきだったのに」という後悔や非難を表す時の表現です。

- **should have ＋過去分詞**
  〜するべきだったのに
- **shouldn't have ＋過去分詞**
  〜するべきではなかったのに

例文をCheck! ✓

You should watch your weight.
体重が増えないように注意すべきです。

You should drop your extra weight.
贅肉を落とすべきです。

Should I wait for him to come?
彼が来るのを待ちましょうか。

Where should I pick him up?
どこで彼を車に乗せましょうか。

It shouldn't take long.
そんなに長くかからないはずです。

Oh, you shouldn't have.
(プレゼントをもらって) 気を遣わなくてもよかったのに。

You ought to have come earlier.
もっと早く来るべきだったのに。

You ought to have been more careful.
もっと注意深くするべきだったのに。

You shouldn't have stayed up late.
夜更かしするべきではなかったのに。

He should have arrived there by now.
彼は今頃そっちに着いているはずです。

パターン練習 ① You should have ～(過去分詞).

秘密にしておくべきだったのに。

時間通りに来るべきだったのに。

今日は休みを取った方がよかったのに。

昨日医者に診てもらえばよかったのに。

彼女に謝っておけばよかったのに。

パターン練習 ② You shouldn't have ～(過去分詞).

パスポートを忘れるべきではなかったのに。

誰にも言うべきではなかったのに。

土地を売るべきではなかったのに。

そんなに食べすぎなければよかったのに。

そんなに飲みすぎなければよかったのに。

～するべきだったのに

You should have kept it a secret.

You should have come on time.

You should have taken a day off today.

You should have seen a doctor yesterday.

You should have apologized to her.

～するべきではなかったのに

You shouldn't have forgotten your passport.

You shouldn't have told it to anybody.

You shouldn't have sold your land.

You shouldn't have eaten so much.

You shouldn't have drunk so much.

17

ダンスをしましょうか
Shall we dance?

「～しましょう」と提案する時の代表的な表現が **Let's ＋動詞の原形**、「～するのはやめましょう」なら **Let's not ＋動詞の原形** ですが、この Let's よりも控えめな表現に **Shall we ＋動詞の原形？**（～しましょうか）があります。また、Let's ～の付加疑問文として、**Let's ～, shall we?** もあります。賛成の答えなら **Yes, let's.**（はい、そうしましょう）、反対の答えなら **No, let's not.**（いや、やめましょう）です。

- **Shall we ＋動詞の原形？**
- **Let's ＋動詞の原形 , shall we?**
  ～しましょうか

例文をCheck! ✓

Shall we go to the movies tonight?
今夜は映画に行きましょうか。

Shall we go to another bar?
もう一軒行きましょうか。

Shall we go for a walk in the park?
公園を散歩しましょうか。

Let's go Chinese tonight, shall we?
今夜は中華にしましょうか。

Let's eat out tonight, shall we?
今夜は外食しましょうか。

Let's have an early lunch, shall we?
早弁をしましょうか。

Let's have a picnic in the park.
公園でお弁当を食べましょう。

Let's have fun tonight.
今夜は楽しみましょう。

Let's not go out for a drink tonight.
今夜は飲みに行くのはやめましょう。

Let's not attend the lecture.
講義に出るのはやめましょう。

パターン練習 1 Shall we ~ ?

まずはビールで始めましょうか。

今夜は割り勘にしましょうか。

仕事に取りかかりましょうか。

このホテルに決めましょうか。

今夜は外食しましょうか。

パターン練習 2 Let's ~ , shall we?

今日はこれで終わりにしましょうか。

今夜はこれでお開きにしましょうか。

伊豆に日帰り旅行をしましょうか。

彼女に内緒のパーティーを開きましょうか。

今夜は飲み明かしましょうか。

～しましょうか

Shall we start off with beer?

Shall we split the bill tonight?

Shall we get down to business?

Shall we settle on this hotel?

Shall we eat out tonight?

～しましょうか

Let's call it a day, shall we?

Let's call it a night, shall we?

Let's take a one-day trip to Izu, shall we?

Let's have a surprise party for her, shall we?

Let's drink overnight, shall we?

18

早く帰った方がいいですよ
You'd better go home early.

　助動詞 had better は上記の You'd better go home early. のように、基本的には目上の者が目下の者に使う表現ですから、あなたの上司や先生に使ってはいけません。自分自身や仲のよい友達同士で使うのであれば問題ありませんが、I think you'd better 〜 とか Perhaps you'd better 〜 のように文頭に I think や Perhaps などをつけると、丁寧な表現になります。

　had better は助動詞なので、否定文は **had better not ＋動詞の原形**の形をとります。

- **You'd better ＋動詞の原形**
  〜したほうがよい
- **You'd better not ＋動詞の原形**
  〜しないほうがよい

例文をCheck! ✓

You'd better refrain from eating sweets.
甘い物は控えた方がよい。

You'd better watch your language.
言葉に気をつけた方がよい。

I think you'd better lose weight.
減量した方がいいと思います。

Perhaps you'd better avoid animal fat.
多分、動物性脂肪を避けた方がいいでしょう。

You'd better take some aspirin.
風邪薬を飲んだ方がよい。

You'd better lower your blood pressure.
血圧を下げた方がよい。

You'd better eat more vegetables.
もっと野菜を食べた方がよい。

You'd better get some exercise every day.
毎日運動した方がよい。

We'd better call an ambulance.
救急車を呼んだ方がよい。

We'd better call the police.
警察に電話した方がよい。

パターン練習 1 You'd better 〜 .

早寝早起きをした方がよい。

毎日ウォーキングをした方がよい。

学校を休んだ方がよい。

アルコールを減らした方がよい。

すぐに医者に診てもらった方がよい。

パターン練習 2 You'd better not 〜 .

体重を増やさない方がよい。

間食はしない方がよい。

そんなに否定的に考えない方がよい。

そんな口のききかたをしない方がよい。

今は帰らない方がよい。

(あなたは)～した方がよい

You'd better keep early hours.

You'd better do some walking every day.

You'd better stay away from school.

You'd better cut down on your drinking.

You'd better see a doctor at once.

(あなたは)～しない方がよい

You'd better not put on weight.

You'd better not eat between meals.

You'd better not be so negative.

You'd better not talk like that.

You'd better not leave now.

19

ステーキの焼き加減はいかがしますか
How would you like your steak?

上級テク! 丁寧な表現を用いる

　助動詞 would は形式上は will の過去形ですが、過去の意味で使うことはほとんどなく、勧誘したり依頼したりする時に使うと丁寧な印象を与えます。たとえば、家でお母さんが子供に「ステーキの焼き加減は？」と聞くなら How do you like your steak? で構いませんが、レストランで店員が客に聞く場合は How would you like your steak? と言います。デザートにアイスクリームを注文するなら、I'd like ice cream for dessert. です。また Would you mind 〜 ing?（〜していただけませんか）の原義は「〜することを気にしますか」なので、許可を与える時は否定形で応じます。

- **I'd like 〜 .**
  〜をいただきます

- **Would you mind 〜 ing?**
  〜していただけませんか

例文をCheck! ✓

Would you like a drink?
飲み物はいかがですか。

Would you like to close the door?
ドアを閉めていただけますか。

How would you like Japanese food?
日本食はいかがですか。

I'd like my steak medium.
ステーキはミディアムにしてください。

I'd like to reserve a table.
(レストランで) 予約をしたいのですが。

Would you give me a hand?
手伝っていただけますか。

Would you mind picking me up?
迎えに来ていただけませんか。

I'm sorry I can't.
すみませんが行けません。

Would you mind if I opened the window?
窓を開けてもよろしいですか。

Of course not.
ええ、いいですよ。

パターン練習 1 I'd like my … ~ .

コーヒーはアメリカンにしてください。

紅茶は濃くしてください。

卵は目玉焼きにしてください。

卵は炒り卵にしてください。

卵は半熟にしてください。

魚は焼いてください。

エビはフライにしてください。

ステーキはミディアムレアにしてください。

ステーキはよく焼いてください。

伊勢エビは刺身にしてください。

…を〜にしてください

I'd like my coffee weak.

I'd like my tea strong.

I'd like my eggs sunny-side up.

I'd like my eggs scrambled.

I'd like my eggs soft boiled.

I'd like my fish grilled.

I'd like my shrimp deep-fried.

I'd like my steak medium rare.

I'd like my steak well-done.

I'd like my lobster raw.

パターン練習 2 Would you mind ～ing?

彼女を電話口に呼んでいただけませんか。

パソコンを貸していただけませんか。

家まで送っていただけますか。

ビールを一杯おごっていただけますか。

タバコはご遠慮いただけますか。

パターン練習 3 Would you mind if I ～ (過去形)?

CD を借りてもよろしいですか。

明日休暇をもらってもよろしいですか。

お年を聞いてもよろしいですか。

今夜電話してもよろしいですか。

電気をつけたままにしてもよろしいですか。

～していただけませんか

Would you mind calling her to the phone?

Would you mind lending me your PC?

Would you mind driving me home?

Would you mind buying me a beer?

Would you mind refraining from smoking?

～してもよろしいですか

Would you mind if I borrowed your CD?

Would you mind if I took tomorrow off?

Would you mind if I asked your age?

Would you mind if I called you tonight?

Would you mind if I kept the light on?

20

彼は若い頃は酒をたくさん飲んだ
He used to drink a lot when he was young.

　助動詞 used to（ユーストゥと発音する）は、過去の規則的な習慣を表し、現在では行われていないことを暗示させます。また、習慣だけでなく、「昔～だった」という状態を表すこともできます。現在でも行っていることを示したい場合は、助動詞 would を使ってください。

> ●used to ＋動詞の原形
> 昔はよく～したものだ
> 昔は～だった

例文をCheck! ✓

Do you smoke?
タバコを吸いますか。

No, I don't smoke, but I used to.
いいえ、吸いませんが、以前は吸っていました。

Don't you like vegetables?
野菜は好きじゃないのですか。

No, I don't, but I used to.
はい、好きじゃありません。でも以前は好きでした。

My wife used to work for a hospital.
妻は以前、病院に勤めていた。

My husband used to smoke a lot.
夫は以前、タバコをかなり吸っていた。

He used to have long hair.
以前彼の髪は長かった。

There used to be a bakery at this corner.
以前この角にパン屋さんがありました。

I would go skiing in the mountains.
山によくスキーに行ったものだ。

I would listen to Carpenters' songs.
よくカーペンターズの歌を聴いたものだ。

パターン練習 ① There used to be a ~ .

以前ここに映画館があった。

以前ここにボウリング場があった。

以前ここに打ちっ放しがあった。

以前ここにビリヤード場があった。

以前ここにアイススケート場があった。

以前は1階に食品売り場があった。

以前は屋上に駐車場があった。

以前は2階に玩具売り場があった。

以前はここにパチンコ屋があった。

以前はここにロシア料理店があった。

以前は〜があった

There used to be a movie theater here.

There used to be a bowling alley here.

There used to be a golf driving range here.

There used to be a billiards room here.

There used to be an ice rink here.

There used to be a food section on the 1st floor.

There used to be a parking lot on the roof.

There used to be a toy section on the 2nd floor.

There used to be a pachinko parlor here.

There used to be a Russian restaurant here.

パターン練習 ② I used to 〜 .

以前は父と釣りに行ったものだ。

以前はこのバーに立ち寄ったものだ。

以前は兄（弟）とキャッチボールをしたものだ。

以前は銭湯に行ったものだ。

以前は海岸で花火をしたものだ。

以前は校庭で鬼ごっこをしたものだ。

以前は公園でブランコをしたものだ。

以前は公園でかくれんぼをしたものだ。

以前は正月にこまを回したものだ。

以前はクリスマスにプレゼント交換をしたものだ。

以前は~したものだ

I used to go fishing with my father.

I used to drop by this bar.

I used to play catch with my brother.

I used to go to a public bath.

I used to do fireworks on the beach.

I used to play tag in the schoolyard.

I used to play on the swings in the park.

I used to play hide-and-seek in the park.

I used to spin a top on New Year's Day.

I used to exchange presents on Christmas.

英語を自在に
あやつる
21〜40

関係代名詞や受動態、使役動詞などを学びます。少し込み入った文も、英語でスパッと言えるようになります。

21

彼には東大に通っている息子がいます

He has a son who goes to Tokyo University.

上級テク！
whoで2つの文をつなぐ

「屋根の上の猫」は英語で **a cat on the roof** と言うように、複数の語句で名詞を修飾する時は、修飾語を名詞の後に置きますが、関係代名詞の **who** や **which** も on the roof と同じように、直前の名詞を修飾する働きをします。たとえば、「彼には息子がいて、その息子が東大に通っている」ことを伝える場合、He has a son and the son goes to Tokyo University. でもいいのですが、who を使うと大人の話す英語に変身します。ただし、息子が1人しかいない場合は、**He has a son, who goes to ….** のように、who の前にコンマを入れてください。

- ●名詞(a son)＋who＋be動詞＋～
  ～の…(息子)
- ●名詞(a son)＋who＋V
  ～する…(息子)

例文をCheck!

He has a son, who is a lawyer.
彼には弁護士の息子がいる。

I have a friend who runs a restaurant.
飲食店を経営している友達がいます。

He's the man who lives next door to us.
彼はうちの隣に住んでいる人です。

There is a man who wants to see you.
あなたに会いたがっている人がいます。

He's the man who wrote this novel.
彼はこの小説を書いた人です。

Is there anyone who speaks Japanese?
日本語を話す人は誰かいますか。

I respect people who work hard.
一生懸命働く人を尊敬します。

I know a girl who can speak Chinese.
中国語を話せる女の子を知っています。

People who work here are all friendly.
ここで働いている人は皆親しみやすいです。

The girl who took this photo is Jane.
この写真を撮った女の子はジェーンです。

パターン練習 ① He has a son, who is ～.

彼にはパイロットの息子がいる。

彼には歯科医の息子がいる。

彼には大学生の息子がいる。

彼には翻訳家の息子がいる。

彼には建築家の息子がいる。

彼には教師の息子がいる。

彼には大学教授の息子がいる。

彼には会計士の息子がいる。

彼には政治家の息子がいる。

彼にはテレビタレントの息子がいる。

彼には〜の息子がいる

He has a son, who is a pilot.

He has a son, who is a dentist.

He has a son, who is a college student.

He has a son, who is a translator.

He has a son, who is an architect.

He has a son, who is a teacher.

He has a son, who is a professor at college.

He has a son, who is an accountant.

He has a son, who is a politician.

He has a son, who is a TV personality.

パターン練習 ② I have a friend who runs ~ .

靴工場を経営している友達がいる。

喫茶店を経営している友達がいる。

美容院を経営している友達がいる。

パン屋を経営している友達がいる。

塾を経営している友達がいる。

寿司屋を経営している友達がいる。

床屋を経営している友達がいる。

書店を経営している友達がいる。

法律事務所を経営している友達がいる。

花屋を経営している友達がいる。

～を経営している友達がいる

I have a friend who runs a shoe factory.

I have a friend who runs a coffee shop.

I have a friend who runs a beauty salon.

I have a friend who runs a bakery.

I have a friend who runs a cram school.

I have a friend who runs a sushi bar.

I have a friend who runs a barber shop.

I have a friend who runs a bookstore.

I have a friend who runs a law firm.

I have a friend who runs a flower shop.

22

羊の形をした雲を見て

Look at the cloud which looks like a sheep.

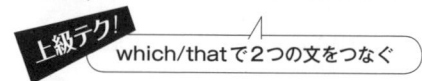

上級テク！

which/thatで2つの文をつなぐ

前項で関係代名詞の **who** を取り上げましたが、who の直前に置かれる名詞（前項ではa son＝息子）は人を表す語でした。これが物や動物の場合は、whoの代わりに **which** や **that** が使われます。羊の形をした「雲」なら **the cloud which/that looks like a sheep** です。「彼は耳の長い犬を飼っている」なら **He has a dog which has long ears.** ですが、飼っている犬が1匹ならば、**He has a dog, which has long ears.** とwhichの前にコンマを入れてください。

● 名詞(the cloud)＋which＋be動詞＋～
　～である…（雲）

● 名詞(the cloud)＋which＋V
　～する…（雲）

例文をCheck! ✓

He has a dog, which has long hair.
彼は毛の長い犬を飼っている。

This is the apple which grows in Aomori.
これは青森産のリンゴです。

I want a cell phone which is waterproof.
防水のケータイがほしい。

The party which was held today was a success.
今日行われたパーティーは成功だった。

This is the movie which moved many people.
これはたくさんの人たちを感動させた映画です。

Purple is the color which is in now.
紫は今流行っている色です。

Look at the church which stands over there.
向こうに建っている教会を見てください。

I know a cat which likes boiled rice.
ご飯が好きな猫を知っています。

He lives in the house, which is 50 years old.
彼は築50年の家に住んでいる。

Where's the beer which was in the fridge?
冷蔵庫にあったビールはどこですか。

パターン練習 ① He has a dog, which ～ .

彼は太った年寄りの犬を飼っている。

彼は15歳の犬を飼っている。

彼は魚が嫌いな犬を飼っている。

彼は耳が大きい犬を飼っている。

彼はめったに吠えない犬を飼っている。

パターン練習 ② This is the … which ～ .

これは中国産のフルーツです。

これは電気で動く自動車です。

これはパリ行きの列車です。

これは3時30分発の列車です。

これは東京を一回りする列車です。

彼は〜な犬を飼っている

He has a dog, which is fat and old.

He has a dog, which is 15 years old.

He has a dog, which doesn't like fish.

He has a dog, which has big ears.

He has a dog, which seldom barks.

これは〜する…です

This is the fruit which grows in China.

This is the car which runs on electricity.

This is the train which goes to Paris.

This is the train which leaves at 3:30.

This is the train which goes around Tokyo.

23

ここは私のお薦めのレストランです
This is the restaurant I recommend.

上級テク！ 関係代名詞を省略する

名詞＋S＋Vの形で、「SがVする（した）…」という一つのまとまった意味を持つフレーズです。名詞（the restaurant）とSV（I recommend）間には、関係代名詞の**which**か**that**が省略されています。名詞の部分が人を表す場合は**who**、**whom**、**that**が、物や動物の場合は**which**、**that**が省略されたものですが、会話では省略するのが普通です。

●名詞＋S＋V
SがVする（した）…

例文をCheck!

He is the man I've been looking for.
彼は私が探し求めていた男性です。

She is the type of girl I like.
彼女は私の好きなタイプの女の子です。

He's the teacher every student respects.
彼はどの生徒も尊敬する先生です。

This is the watch I've long wanted.
これは私が長い間ほしいと思っていた腕時計です。

This is the suit I bought in London.
これは私がロンドンで買ったスーツです。

Is this the book you told me about last time?
これはあなたがこの前話した本ですか。

The CD he produced is selling well.
彼が制作したCDはよく売れています。

Do you know the music we are hearing?
今聞こえている曲を知っていますか。

Look at the earrings she is wearing.
彼女がしているイヤリングを見てください。

Are there any restaurants you recommend?
お薦めのレストランはありますか。

パターン練習 ① This is the … I ~ .

これは私がローマで描いた絵です。

これは私がニューヨークで撮った写真です。

これは私がスイスで買った腕時計です。

ここは私がよく訪れる博物館です。

これは私がロンドンで観た映画です。

これは私がパリに注文したスーツです。

これは私が一番好きなビールです。

これは私が先週出した CD です。

これは私がずっと借りている車です。

これはケンに買ってあげたカメラです。

これは私が~する…です

This is the picture I painted in Rome.

This is the photo I took in New York.

This is the watch I bought in Switzerland.

This is the museum I often visit.

This is the movie I saw in London.

This is the suit I ordered from Paris.

This is the beer I like the best.

This is the CD I released last week.

This is the car I've been renting.

This is the camera I bought for Ken.

パターン練習 ② This is the …(最上級) <<< I've ever ~(過去分詞).

これは今まで聞いた中で一番いい歌です。

これは今まで読んだ中で一番いい本です。

これは今まで観た中で一番いい映画です。

これは今まで観た中で一番いい試合です。

これは今まで食べた中で一番美味しいアイスクリームです。

これは今まで観た中で最悪の映画です。

これは今まで見た中で一番小さい鳥です。

これは今まで獲った中で一番大きい魚です。

これは今まで乗った中で一番大きい飛行機です。

これは今まで読んだ中で一番長い小説です。

これは今まで〜した中で一番…です

This is the best song I've ever heard.

This is the best book I've ever read.

This is the best movie I've ever seen.

This is the best game I've ever watched.

This is the best ice cream I've ever eaten.

This is the worst movie I've ever seen.

This is the smallest bird I've ever seen.

This is the biggest fish I've ever caught.

This is the biggest plane I've ever got on.

This is the longest novel I've ever read.

パターン練習 ③ Is this the … you ~ ?

これは先月出版した本ですか。

これはあなたが編んだセーターですか。

これはあなたが焼いたケーキですか。

これはあなたが結婚式で着るドレスですか。

ここはあなたのお薦めの寿司屋ですか。

パターン練習 ④ Isn't this the … you ~ ?

これはあなたが夕べなくした札入れじゃないの？

これはあなたが探しているカギじゃないの？

これはあなたが観たい番組じゃないの？

これはあなたが読みたい雑誌じゃないの？

これはあなたが乗らなきゃいけない列車じゃないの？

これはあなたが〜する…ですか

Is this the book you published last month?

Is this the sweater you knitted yourself?

Is this the cake you baked yourself?

Is this the dress you'll wear at the wedding?

Is this the sushi bar you recommend?

これはあなたが〜する…じゃないの？

Isn't this the wallet you lost last night?

Isn't this the key you're looking for?

Isn't this the program you want to watch?

Isn't this the magazine you want to read?

Isn't this the train you should take?

24

これは私がずっとほしかったものです
This is what I've long wanted.

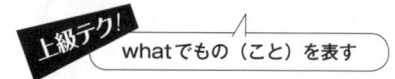

上級テク!

whatでもの（こと）を表す

疑問詞の **what** は「何が」とか「何を」というように、文の主語になったり、目的語になったりしますが、whatには関係代名詞としての用法もあり、基本的に2つの使い方をします。1つは、**what ＋ S ＋ V** の形で、「SがVするもの（こと）」、もう1つは **what is ＋形容詞** で「～なもの（こと）」の意味を表します。たとえば、**what I said** なら「私が言ったこと」、**what you are saying** なら「あなたが言っていること」、**what is right** なら「正しいこと」などの意味になります。

◉**what ＋ S(主語) ＋ V(動詞)**
　SがVするもの（こと）

例文をCheck!

What he said is true.
彼が言ったことは本当です。

Do you understand what I mean?
あなたは私の言いたいことがわかりますか。

What you are doing now is wrong.
あなたが今していることは間違っている。

What I need most now is money.
私に今一番必要なものはお金です。

Always do what you think is right.
正しいと思うことをいつもしなさい。

What is important is to make efforts.
大切なことは努力することです。

What is most important is not money.
一番大切なものはお金ではありません。

I can't believe what he said.
私は彼が言ったことを信じることはできない。

She is not what she was.
彼女は以前の彼女ではない。

That's what you said last time.
この前も同じことを言いましたね。

パターン練習 ① This is (not) what SV 〜.

これは私がずっと観たいと思っていたものです。

これがあなたに言いたいことです。

これは私が彼から聞いたことです。

これは私が十代に書いたものです。

これは私が注文したものではありません。

パターン練習 ② That's (not) what SV 〜.

それが知りたかったのです。

そういうことが言いたいのではありません。

それは私が言ったことです。

それは私も思っていたことです。

それが君の言い分だね。

これは～するものである(～するものではない)

This is what I have long watched.

This is what I want to say to you.

This is what I heard from him.

This is what I wrote in my teens.

This is not what I ordered.

それは～するものである(～するものではない)

That's what I wanted to know.

That's not what I mean.

That's what I said.

That's what I thought.

That's what you have to say.

25

今持っているのはこれだけです
This is all I have now.

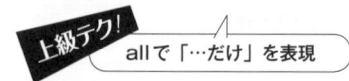

上級テク! allで「…だけ」を表現

上の文中の**all**は名詞で「全てのもの（こと）」の意味ですが、This is all I have now. は **This is all that（which） I have now.** のthatやwhichが省略された形です。ようするに、レッスン23で学んだ**名詞＋S＋V**と全く同じ形で、名詞の部分にallを当てはめた形です。直訳は「これは私が今持っている全てです」から「今持っているのはこれだけです」の意味になります。同様に **All you have to do is ～（動詞の原形）.**（～するだけでいいです）も便利な表現です。

●all＋S＋V
　～するのは…だけ

例文をCheck! ✓

That's all I can say at the moment.
今のところ言えるのはそれだけです。

This is all I know about her.
彼女について知っているのはこれだけです。

This is all I can do for you.
私があなたにできるのはこれだけです。

This is all I want to say.
言いたいのはこれだけです。

Is that all you have to say?
あなたの言い分はそれだけですか。

All you have to do is push the button.
そのボタンを押すだけで構いません。

All I can hear is the sound of waves.
聞こえるのは波の音だけです。

You are all I need.
君が全てだ。

All I could remember was her name.
私が思い出せたのは彼女の名前だけだった。

All is well that ends well.
終わりよければ全てよし。

パターン練習: All you have to do is ～.

指示に従うだけでいいです。

スイッチを入れるだけでいいです。

最善を尽くすだけでいいです。

このアイコンをクリックするだけでいいです。

目を開けているだけでいいです。

「ハイ」と言うだけでいいです。

お湯を注ぐだけでいいです。

私の後について繰り返すだけでいいです。

ここにいるだけでいいです。

コインを挿入するだけでいいです。

～するだけでいいです

All you have to do is follow the instruction.

All you have to do is switch it on.

All you have to do is do your best.

All you have to do is click on this icon.

All you have to do is open your eyes.

All you have to do is say 'yes'.

All you have to do is pour in hot water.

All you have to do is repeat after me.

All you have to do is stay here.

All you have to do is insert the coin.

26

ここは妻に初めて会ったところです
This is where I first met my wife.

上級テク! 関係副詞を使いこなす

　疑問詞の **where** は「どこで(に)」の意味でしたが、もう一つ、「〜するところ(で、に)」という意味があります。**〜(場所・場面を表す語)＋where＋S＋V** の形で、「SがVするところ」という意味になります。たとえば、「彼が住んでいる家」なら **the house where he lives** です。ただし、**This is where I was born.**(ここは私が生まれたところです)のように where の前に名詞を置かない場合もあります。この where は関係副詞と呼ばれます。他に、**That's why＋S＋V〜**(こういう訳で)や **This is how＋S＋V〜**(このようにして)も決まり文句として覚えておきましょう。

- ●**〜(場所・場面を表す語)＋where＋S＋V**
  SがVするところ
- ●**That's why＋S＋V**
  そういう訳でSはVする
- ●**This is how＋S＋V**
  このようにしてSはVする

例文をCheck!

Asakusa is where he was born.
浅草は彼が生まれたところです。

This is where I live.
ここは私が住んでいるところです。

This is the town where my parents live.
ここは両親が住んでいる町です。

That's where you are wrong.
そこが君の間違っているところです。

He loves the town where he lives now.
彼は今住んでいる町がとても好きだ。

That's the level where they live.
それが彼らの生活のレベルです。

This is the hotel where I'm working.
ここは私が働いているホテルです。

This is the bank where he works.
ここは彼が勤めている銀行です。

That's why I hate him.
そういう訳で私は彼が嫌いです。

This is how we were rescued.
このように私たちは救助された。

パターン練習 ① That's why SV ~ .

そういう訳で私たちは別れました。

そういう訳で私たちは会議に遅刻しました。

そういう訳で私たちはバスに乗り遅れた。

そういう訳で彼は学校を欠席した。

そういう訳で彼は結婚を決心した。

パターン練習 ② This is how SV ~ .

このようにして彼らは離婚した。

このようにして私は彼女が好きになった。

このようにして私たちは知り合った。

このようにして彼は一儲けした。

このようにして彼女は昇進した。

そういう訳で~

That's why we broke up with each other.

That's why we were late for the meeting.

That's why we missed the bus.

That's why he was absent from school.

That's why he decided to get married.

このようにして~

This is how they got divorced.

This is how I came to like her.

This is how we got to know each other.

This is how he made a fortune.

This is how she got a promotion.

27

間もなく成田に到着します
We'll soon be arriving at Narita.

上級テク! 未来進行形でニュアンスを伝える

現在進行形(am、is、are + ~ing)と時を表す副詞が使われると未来を意味しますが、これは本人の意思とは関係なく、周囲の状況から「そういうことになっている」場合に使う表現です。つまり、**I'm going to meet him tonight.**(今夜彼に会うつもりです)は私の意思を伝えていることになりますが、**I'm meeting him tonight.** は「今夜彼に会うことになっている」というニュアンスです。未来進行形もこれと同じようなニュアンスです。

また、現在進行形に **always** を使うと、「いつも~ばかりしている」という非難の意味が表されます。

●will be ~ing
　~しているでしょう
　~しているかもしれません

例文をCheck!

They're having a barbeque tonight.
今夜彼らはバーベキューをします。

We're having a concert this Friday.
私たちは今週の金曜日にコンサートを開きます。

We're having a field day on Monday.
月曜日に陸上競技会があります。

We're getting together tomorrow.
私たちは明日みんなで集まります。

When are you leaving Japan?
日本をいつ発ちますか。

He's always biting his nails.
彼はいつも爪をかんでいる。

He's always complaining of something.
彼はいつも文句ばかり言っている。

She'll be expecting a call from you.
彼女はあなたからの電話を待っているでしょう。

I'll be seeing you tomorrow.
明日会いましょう。

This train will soon be arriving at Nara.
この列車は間もなく奈良に到着します。

パターン練習 ① When are you ~ ing?

いつ結婚式をしますか。

いつ新婚旅行に行きますか。

いつ修学旅行に行きますか。

いつ世界一周旅行に行きますか。

いつ家族で集まりますか。

パターン練習 ② When will you be ~ ing?

いつ戻ってきますか。

いつニューヨークに向かいますか。

いつ日本に到着しますか。

いつCDを出しますか。

いつ本を出版しますか。

いつ～しますか

When are you having the wedding?

When are you going on your honeymoon?

When are you going on your school trip?

When are you traveling around the world?

When are you having a family reunion?

いつ～しますか

When will you be coming back?

When will you be leaving for New York?

When will you be arriving in Japan?

When will you be releasing your CD?

When will you be publishing your book?

パターン練習 3 I'll be ～ ing.

明日の今頃は外食しているでしょう。

来週はロンドンにいます。

6時に待っています。

10時頃バーで酒を飲んでいるでしょう。

今週の火曜日は北海道でスキーをしています。

パターン練習 4 My … is/are ～ ing.

心臓がドキドキしている。

膝がガクガクしている。

お腹がゴロゴロ鳴っている。

体中が痛む。

腰がひどく痛い。

～しているでしょう

I'll be eating out this time tomorrow.

I'll be staying in London next week.

I'll be expecting you at six o'clock.

I'll be drinking at a bar around 10.

I'll be skiing in Hokkaido this Tuesday.

（私の）…が～している

My heart is pounding.

My knees are shaking.

My stomach is growling.

My body is aching all over.

My lower back is killing me.

パターン練習 ⑤ I'm ~ ing.

寒くて凍ってしまいそう。

お腹がぺこぺこです。

ビールが飲みたくてたまらない。

手足がしびれている。

冗談ですよ。

パターン練習 ⑥ He's always ~ ing.

彼はいつも他人の批判ばかりしている。

彼はいつも学校に遅刻ばかりしている。

彼はいつも貧乏揺すりばかりしている。

彼はいつもケータイをいじってばかりいる。

彼はいつも音を立ててスープを飲んでいる。

～している（～しそう）

I'm freezing.

I'm starving.

I'm dying for a beer.

I'm going numb.

I'm just kidding.

彼はいつも～ばかりしている

He's always criticizing others.

He's always coming late for school.

He's always jiggling his legs.

He's always toying with his cell phone.

He's always slurping his soup.

28

誰かがドアをノックしています
There's someone knocking at the door.

　「…が〜にある」とか「…が〜にいる」というように、漠然とした存在を言う表現がthere is、there areの構文ですが、「不特定多数の物や人が〜している」ことを表す時にもこの構文を使います。たとえば、「誰かがドアをノックしている」はSomeone is knocking at the door.でもいいのですが、There is someone.(誰かいるよ)と聞き手の注意を引いてからknocking at the doorと(ドアをノックしている)と言った方が英語らしい表現になるのです。

●There's＋S＋〜ing
Sが〜している

例文をCheck! ✓

There's a good patisserie near here.
この近くに美味しいケーキ屋さんがある。

Is there a mailbox near here?
この近くにポストはありますか。

There's no laundry around here.
この辺にクリーニング屋さんはありません。

There're four people in his family.
彼は4人家族です。

There's a pretty cat sleeping on the roof.
屋根の上で可愛い猫が眠っている。

There's a fat cat eating a raw fish.
太った猫が生の魚を食べている。

There's a dog barking at a boy.
犬が男の子に吠えている。

There're some students singing karaoke.
学生たちがカラオケをしている。

There're many crows sitting on the trees.
木にたくさんのカラスがとまっている。

There're many cars standing in the street.
通りに車がたくさんとまっている。

パターン練習 ① Is there anything ～ ?

何かできることはありますか。

何かお持ちするものはありますか。

何かお手伝いできることはありますか。

どこかおかしいところはありますか。

テレビで何か面白い番組はありますか。

パターン練習 ② There's no ～ .

その言い訳はいりません。

未来に希望はありません。

この便には食事はありません。

ここではバス便はありません。

ここではルームサービスはありません。

～は何かありますか

Is there anything I can do for you?

Is there anything I can get for you?

Is there anything I can help you with?

Is there anything wrong?

Is there anything interesting on TV?

～はありません

There's no excuse for that.

There's no hope for the future.

There's no meal service on this flight.

There's no bus service available here.

There's no room service available here.

パターン練習 3 There's a … ~ing.

少年が通りでローラースケートをしている。

少年が縄跳びをしている。

少年が凧をあげている。

少女が滑り台で遊んでいる。

少女が一輪車に乗っている。

犬が芝生に横になっている。

子猫がボールにじゃれている。

猿が木に登っている。

池で鯉が泳いでいる。

どこかで鳥が鳴いている。

…が～している

There's a boy roller-skating on the street.

There's a boy jumping rope.

There's a boy flying a kite.

There's a girl playing on the slide.

There's a girl riding a monocycle.

There's a dog lying on the grass.

There's a kitten playing with a ball.

There's a monkey climbing the tree.

There's a carp swimming in the pond.

There's a bird singing somewhere.

29

彼女はピアノの演奏が得意だ
She is good at playing the piano.

動詞に～ingをつけたもので、「～すること」と訳せるものを動名詞と呼びます。**His hobby is collecting stamps.**なら「彼の趣味は切手収集です」です。この動名詞は上記の **She is good at playing the piano.** や **She is fond of playing tennis.**（彼女はテニスをするのが好きです）のように、前置詞（**at**、**of**）に続けることもできます。**Thank you for ～ing.**（～してくれてありがとう）や **I feel like ～ing.**（～したい）などは会話に頻繁に使われる表現です。

●**be good at ～ing**
　～することが得意です

●**be fond of ～ing**
　～することが好きです

例文をCheck!

He likes climbing mountains.
彼は山登りが好きです。

My pastime is playing tennis.
私の趣味はテニスです。

Thank you for calling.
電話をありがとう。

It's fun walking in the forest.
森を散歩するのは楽しい。

He's fond of cooking.
彼は料理が好きだ。

I feel like drinking a beer.
ビールが飲みたい。

She went out without saying anything.
彼女は何も言わずに出ていった。

He stayed home instead of going to work.
彼は仕事に行かずに家にいた。

I'm looking forward to hearing from you.
お便りを楽しみにしています。

What about going on a hike?
ハイキングに行きませんか。

パターン練習 ① My pastime is ~ing.

私の趣味は小説を読むことです。

私の趣味は推理小説を読むことです。

私の趣味はビデオで映画を観ることです。

私の趣味はゴルフに行くことです。

私の趣味はテレビゲームをすることです。

私の趣味は温泉に行くことです。

私の趣味はパチンコをすることです。

私の趣味はカラオケです。

私の趣味は水泳とガーデニングです。

私の趣味は書店で立ち読みをすることです。

私の趣味は〜することです

My pastime is reading novels.

My pastime is reading detective stories.

My pastime is watching movies on video.

My pastime is going golfing.

My pastime is playing video games.

My pastime is going to hot springs.

My pastime is playing pachinko.

My pastime is singing karaoke.

My pastime is swimming and gardening.

My pastime is browsing in a book shop.

パターン練習 2　I feel like ~ ing.

今日のスペシャルを食べたい。

今夜は彼女をデートに誘いたい。

飲み屋に寄っていきたい。

家までタクシーで帰りたい。

8時までに家に帰りたい。

パターン練習 3　I don't feel like ~ ing.

会社に行きたくない。

雨の中を外出したくない。

雪の中を歩きたくない。

何も食べたくない。

誰にも会いたくない。

～したい

I feel like eating today's special.

I feel like asking her out this evening.

I feel like dropping by a bar.

I feel like taking a taxi home.

I feel like going home by eight.

～したくない

I don't feel like going to work.

I don't feel like going out in the rain.

I don't feel like walking in the snow.

I don't feel like eating anything.

I don't feel like meeting anyone.

パターン練習 4　Thank you for ～ ing.

パーティーに招待してくれてありがとう。

お金を貸してくれてありがとう。

子供たちの面倒を見てくれてありがとう。

ごちそうしてくれてありがとう。

はるばる来てくれてありがとう。

家まで（車で）送ってくれてありがとう。

家まで（歩いて）送ってくれてありがとう。

見送りに来てくれてありがとう。

出迎えに来てくれてありがとう。

（車で）迎えに来てくれてありがとう。

〜してくれてありがとう

Thank you for inviting me to the party.

Thank you for lending me money.

Thank you for looking after the kids.

Thank you for treating me to dinner.

Thank you for coming all the way.

Thank you for driving me home.

Thank you for walking me home.

Thank you for seeing me off.

Thank you for meeting me.

Thank you for picking me up.

30

今夜は夜通し飲んで楽しもう
Let's have fun drinking overnight.

　動詞に**～ing**をつけた形には、動名詞と、進行形の時の現在分詞がありますが、この２つは基本的には同じ意味で「(実際に)～している」ことを示唆しています。たとえば、**He is drinking.** は文字通り、「彼は酒を飲んでいます」ですが、**He likes drinking.**（彼はお酒が好きです）も、今は飲んでいなくとも習慣的に飲んでいることを表しています。**have a good time ～ing** や **have trouble ～ing** など、現在分詞を使った決まり文句を覚えましょう。

- **have a good time ～ ing**
  ～して楽しむ
- **have trouble ～ ing**
  なかなか～できない

例文をCheck! ✓

I had a good time playing tennis.
テニスをして楽しんだ。

I had a good time talking to Hitoto Yo.
一青窈さんと話をして楽しんだ。

I spent two hours repairing the bike.
2時間かけて自転車を修理した。

I spent a lot of money traveling.
旅行にお金をたくさん使った。

She's busy preparing today's dinner.
彼女は今日の食事の準備に忙しい。

She's busy answering the phone.
彼女は電話の応対に忙しい。

I had great difficulty falling asleep.
なかなか寝付けなかった。

I had no difficulty understanding his English.
彼の英語を理解するのに苦労はなかった。

I had trouble finding his house.
なかなか彼の家を見つけられなかった。

I'm having trouble checking my e-mail.
なかなかメールのチェックができない。

パターン練習 1 I'm having trouble ～ing.

なかなかやりくりができない。

なかなかあなたの家を見つけられない。

なかなか駐車場を見つけられない。

なかなか彼とうまくやっていけない。

なかなか仕事を見つけられない。

パターン練習 2 She's busy ～ing.

彼女は床に掃除機をかけるのに忙しい。

彼女はアイロンがけに忙しい。

彼女は芝刈りに忙しい。

彼女は顧客に飲み物を出すのに忙しい。

彼女は請求書を作るのに忙しい。

英語を自在にあやつる 21 〜 40

なかなか〜できない

I'm having trouble making ends meet.

I'm having trouble finding your house.

I'm having trouble finding parking lots.

I'm having trouble getting along with him.

I'm having trouble finding a job.

彼女は〜するのに忙しい

She's busy vacuuming the floor.

She's busy ironing the clothes.

She's busy mowing the lawn.

She's busy serving drinks for the clients.

She's busy writing out an invoice.

31

この本は多くの子供たちに読まれている
This book is read by many children.

　be動詞＋過去分詞で「～される」という受け身を表します。現在形は is/am/are ＋過去分詞、過去形は was/were ＋過去分詞ですが、疑問文はbe動詞を文頭に出し、否定文はbe動詞の後に not を置けばOKです。その行為が誰によってなされたかを明らかにする場合は、by ＋目的格の名詞で表しますが、実際の会話では by ～は明示されないのが普通です。

●S is ＋過去分詞（＋ by ＋目的格の名詞）
Sは（…に）～される

例文をCheck! ✔

The singer is respected by many girls. ☐
その歌手はたくさんの女の子たちに尊敬されている。

English is spoken all over the world. ☐
英語は世界中で話されている。

Chiba was hit by a typhoon yesterday. ☐
千葉は昨日、台風に襲われた。

This art gallery is visited by many people. ☐
この美術館は多くの人たちに見学される。

Many vegetables are grown in his garden. ☐
たくさんの野菜が彼の家の菜園で栽培されている。

Is Jane invited to the party? ☐
ジェーンはパーティーに招待されていますか。

This music wasn't composed by Bach. ☐
この曲はバッハに作曲されたものではない。

What is this flower called in Japanese? ☐
この花は日本語で何と呼ばれていますか。

You're supposed to finish the job by 10. ☐
10時までに仕事を終わらせることになっています。

You're not supposed to drink here. ☐
ここではお酒は飲んではいけないことになっています。

パターン練習 ① … is spoken in ～.

メキシコではスペイン語が話されている。

カナダではフランス語が話されている。

スイスではドイツ語が話されている。

デンマークではデンマーク語が話されている。

オランダではオランダ語が話されている。

フィンランドではフィンランド語が話されている。

エジプトではアラビア語が話されている。

ギリシアではギリシア語が話されている。

ポルトガルではポルトガル語が話されている。

トルコではトルコ語が話されている。

～では…語が話されている

Spanish is spoken in Mexico.

French is spoken in Canada.

German is spoken in Switzerland.

Danish is spoken in Denmark.

Dutch is spoken in Holland.

Finnish is spoken in Finland.

Arabic is spoken in Egypt.

Greek is spoken in Greece.

Portuguese is spoken in Portugal.

Turkish is spoken in Turkey.

パターン練習 2 You're supposed to ~ .

ここでは英語を話すことになっています。

会議に出席することになっています。

正午までにここに来ることになっています。

レポートを提出することになっています。

明日は昼食を持参することになっています。

パターン練習 3 You're not supposed to ~ here.

ここに駐車してはいけません。

ここでタバコを吸ってはいけません。

ここでしゃべってはいけません。

ここで写真を撮ってはいけません。

ここで飲食をしてはいけません。

~することになっています

You're supposed to speak English here.

You're supposed to attend the meeting.

You're supposed to be here by noon.

You're supposed to hand in your report.

You're supposed to bring lunch tomorrow.

ここで~してはいけません

You're not supposed to park your car here.

You're not supposed to smoke here.

You're not supposed to talk here.

You're not supposed to take a photo here.

You're not supposed to eat and drink here.

パターン練習 ④ I'm ~(過去分詞).

すごいですね。

(ほめられて) うれしいです。

喉がからからです。

もううんざり。

骨まで冷える。

彼の不平にはうんざりです。

仕事でストレスがたまっている。

びっくりしませんよ。

この仕事には向いていません。

びっくりしたなあ、もう。

(私は)〜です

I'm impressed.

I'm flattered.

I'm parched.

I'm bored to death.

I'm chilled to the bone.

I'm sick and tired of his complaint.

I'm stressed out at work.

I'm not surprised.

I'm not cut out for this job.

I was scared to death.

32

この机は木製です

This desk is made of wood.

　by以外の前置詞を伴う受動態です。どんな前置詞を使うかは、それぞれの前置詞が持つ意味によって決まってきます。上記の This desk is made of wood. の of は、全体の中の一部、つまり木材の一部を使って作られたことを、Wine is made from grapes. (ワインはブドウで作られる)の from は、起点、つまりブドウという果物からさまざまな過程を経て作られたことに由来します。しかし、これらの表現はほぼ決まり文句として暗記した方が手っ取り早いでしょう。

●be動詞＋過去分詞＋前置詞(at、in、of、from、with、toなど)
…で（に）～される

例文をCheck!

Tofu is made from soy beans.
豆腐は大豆でできている。

Water is made up of hydrogen and oxygen.
水は水素と酸素で構成されている。

Milk is made into butter and cheese.
牛乳はバターとチーズになります。

The man is known to everyone in the village.
その男性は村の全ての人に知られている。

Atami is well known for hot springs.
熱海は温泉でよく知られている。

I'm satisfied with the results of the game.
私は試合の結果に満足しています。

She is pleased about her new job.
彼女は新しい仕事が気に入っている。

We were all surprised at the news.
私たちは皆、その知らせを聞いて驚いた。

Which subject are you interested in?
あなたはどんな科目に興味を持っていますか。

The mountain is covered with snow.
山は雪で覆われている。

パターン練習 ① I was surprised at his ~ .

彼の突然の結婚にびっくりした。

彼の昇進にびっくりした。

彼の英語の能力にびっくりした。

彼の流ちょうな日本語にびっくりした。

彼の突然の訪問にびっくりした。

パターン練習 ② … is known for ~ .

草加市は煎餅で知られている。

このレストランはウナギの蒲焼きで知られている。

北海道は乳製品で知られている。

この町は蕎麦で知られている。

この村は巨大な凧で知られている。

彼の〜にびっくりした

I was surprised at his sudden marriage.

I was surprised at his promotion.

I was surprised at his English ability.

I was surprised at his fluent Japanese.

I was surprised at his sudden visit.

…は〜で知られている

Soka City is known for rice cakes.

This restaurant is known for grilled eels.

Hokkaido is known for dairy products.

This town is known for buckwheat noodles.

This village is known for gigantic kites.

33

ほとんど何でもネットで買える
Almost anything can be bought on the Net.

上級テク! 助動詞と受動態を併用する

助動詞を使った受動態です。助動詞は後に動詞の原形を伴いますから、必ずbe動詞（is、am、are）を原形にして、**助動詞＋be＋過去分詞**の形を取ります。**can be ～**（～されることができる）、**will be ～**（～されるでしょう）、**must be ～**（～されなければならない）、また、現在完了や過去を表すには**have been ～**などの形を頭に焼き付けてください。

- **S＋can be＋過去分詞**
  Sは～（されることが）できる
- **S＋will be＋過去分詞**
  Sは～されるでしょう

英語を自在にあやつる 21 ～ 40

例文をCheck!

Auroras can be observed in Canada.
カナダでオーロラが観測できる。

The ticket can be reserved by e-mail.
チケットはメールで予約できます。

The movie can be watched on DVD.
その映画はDVDで観ることができます。

The work must be finished by tomorrow.
その仕事は明日までに終わらせなければならない。

The report must be submitted by Monday.
レポートは月曜日までに提出しなければならない。

You will be given a ticket at the entrance.
入り口でチケットをもらえるでしょう。

Her latest book will soon be released.
彼女の最新の本が間もなく発売されます。

The mayor election will be held next week.
市長選は来週行われます。

A snack will be served on this flight.
この便では軽食が出されます。

Your name has just been announced.
あなたの名前が今アナウンスされました。

パターン練習 1 　〜 will be held.

次のオリンピックは2年後に行われる。

表彰式はまもなく行われる。

マラソンは日曜日に行われる。

今夜開会式が行われる。

決勝戦は今日行われる。

パターン練習 2 　… has been 〜（過去分詞）.

この便は遅れている。

この便は欠航になった。

この便はH15番ゲートに移った。

その試合は延期になった。

その試合は中止になった。

～が行われる

The next Olympics will be held in two years.

The victory ceremony will be held soon.

The marathon race will be held on Sunday.

The opening ceremony will be held tonight.

The finals will be held today.

…が(今)～された

This flight has been delayed.

This flight has been cancelled.

This flight has been moved to gate H15.

The game has been suspended.

The game has been called off.

34

彼は誰だろう
I wonder who he is.

上級テク! 平叙文で情報を問う

I wonder ～ （～だろうかと思う）と Who is he?（彼は誰ですか）という疑問文を一つの文として表したのが **I wonder who he is.** です。Who is he? の文は I wonder という肯定文に吸収されたために疑問文以下の部分の語順を **S＋V** の形に入れ替えます。I wonder＋疑問詞＋S＋V の型は、相手に向き合って言うと、その相手に情報を求めていることになります。

また、I wonder の代わりに **I have no idea.** とすれば、「～なのかわかりません」の意味になります。

> ◉I wonder＋疑問詞＋S＋V
> I wonder if＋S＋V
> ～だろうか

例文をCheck!

I wonder where he is from.
彼はどこの出身かな。

I wonder what she is doing.
彼女は何をしているかな。

I wonder which dictionary I should use.
どっちの辞書を使ったらいいかな。

I wonder what time it is.
今何時かな。

I wonder when the next train arrives.
次の列車はいつ到着するかな。

I wonder who she is waiting for.
彼女は誰を待っているのかな。

I wonder if she will come to the party.
彼女はパーティーに来るかな。

I wonder where the dog has gone.
その犬はどこに行ったのかな。

I wonder how he is getting along.
彼はどう過ごしているかな。

I wonder why she refused my proposal.
彼女はなぜ私のプロポーズを断ったのかな。

パターン練習 1 I wonder which … to ~ .

パーティーにどっちのドレスを着たらいいのだろう。

彼の家にはどっちの道を行ったらいいのだろう。

どっちのテレビを買ったらいいのだろう。

どっちの仕事に応募したらいいのだろう。

どっちの航空会社で行けばいいのだろう。

パターン練習 2 I'm wondering …（疑問詞）to ~ .

今晩はどこに泊まったらいいのだろう。

パーティーに誰を招待したらいいのだろう。

次に何をしたらいいのだろう。

休日をどう過ごしたらいいのだろう。

いつ家を出たらいいのだろう。

どっちの…を〜したらいいのだろう

I wonder which dress to wear to the party.

I wonder which road to take to his house.

I wonder which TV to buy.

I wonder which job to apply for.

I wonder which airline to fly.

〜したらいいのだろう

I'm wondering where to stay tonight.

I'm wondering who to invite to the party.

I'm wondering what to do next.

I'm wondering how to spend the holidays.

I'm wondering when to leave home.

パターン練習 3　I wonder why he is so ~ .

彼はなぜそんなに遅いのだろう。

彼はなぜそんなに怒っているのだろう。

彼はなぜそんなに怠けているのだろう。

彼はなぜそんなにうるさいのだろう。

彼はなぜそんなに陽気なのだろう。

彼はなぜそんなに意地悪なのだろう。

彼はなぜそんなに楽観的なのだろう。

彼はなぜそんなに悲観的なのだろう。

彼はなぜそんなに落ち着きがないのだろう。

彼はなぜそんなにイライラしているのだろう。

彼はなぜそんなに〜なのだろう

I wonder why he is so late.

I wonder why he is so mad.

I wonder why he is so lazy.

I wonder why he is so noisy.

I wonder why he is so cheerful.

I wonder why he is so mean.

I wonder why he is so optimistic.

I wonder why he is so pessimistic.

I wonder why he is so restless.

I wonder why he is so impatient.

パターン練習 ④ I wonder if ～ .

彼女は大丈夫かな。

明日は雨かな。

彼女に以前会ったことがあるかな。

彼はテストに合格したかな。

彼女はまだ待ってくれているかな。

パターン練習 ⑤ I wonder if I could ～ .

あなたのメルアドを聞いてもいいですか。

デートに誘ってもいいですか。

もう1℃上げてもいいですか。

あなたのケータイを借りてもいいですか。

残りを持ち帰ってもいいですか。

～かな

I wonder if she is OK.

I wonder if it will rain tomorrow.

I wonder if I've met her before.

I wonder if he has passed the test.

I wonder if she's still waiting for me.

～してもいいですか

I wonder if I could ask your e-mail address.

I wonder if I could ask you out.

I wonder if I could raise it one more degree.

I wonder if I could use your cell phone.

I wonder if I could take the rest home.

パターン練習 6　I have no idea …(疑問詞) ～.

彼が何を言わんとしているのかわからない。

どこに向かっているのかわからない。

彼がなぜ仕事を辞めたのかわからない。

彼がいつ戻ってくるのかわからない。

その事故がどうして起こったのかわからない。

パターン練習 7　I have no idea how to ～.

その問題の対処の仕方がわからない。

その問題の解決策がわからない。

目的地への行き方がわからない。

彼の説得の仕方がわからない。

彼の喜ばせ方がわからない。

～がわからない

I have no idea what he is driving at.

I have no idea where we're heading for.

I have no idea why he quit his job.

I have no idea when he will come back.

I have no idea how the accident happened.

～の仕方がわからない

I have no idea how to deal with the problem.

I have no idea how to settle the problem.

I have no idea how to get to the destination.

I have no idea how to persuade him.

I have no idea how to please him.

35

先生は生徒を立たせた
The teacher made the student stand up.

上級テク! 使役動詞を使い分ける

一般に「～させる」という意味の動詞には make、let、have がありますが、これらはきちんと区別して使う必要があります。make は強制的に「～させる」（物が主語の時には強制の意味はありません）、let は相手に許可を与える意味で「～させる」、have は上の者が下の者に対して、あるいは、双方がしたりさせたりするのが当然であるような状況で、「～させる」という意味で使います。

- **make ＋ O ＋動詞の原形（過去分詞）**
  Oに～させる
- **let ＋ O ＋動詞の原形（過去分詞）**
  Oに～させてあげる
- **have ＋ O ＋動詞の原形（過去分詞）**
  Oに～してもらう

例文をCheck!

I'll make him quit smoking.
彼にタバコをやめさせます。

The movie made her cry.
映画を観て彼女は泣いた。

What made you come here?
なぜここに来たのですか。

What makes you so angry?
なぜそんなに怒っているのですか。

I made myself understood in English.
私の英語は通じた。

My mother didn't let me study abroad.
母は私の外国留学を認めてくれなかった。

Let me know when he comes.
彼が来たら教えてください。

I'll have the taxi driver wait.
タクシーの運転手さんに待ってもらいます。

We had an air-conditioner installed.
エアコンを入れてもらった。

I'll have my car inspected next week.
来週自動車を点検してもらおう。

パターン練習 ① Let me ～ .

ちょっと言わせてください。

自己紹介をさせてください。

もう一枚写真を撮らせてください。

今回は払わせてください。

それを見せてください。

ちょっと考えさせてください。

あと5分寝かせてください。

一晩考えさせてください。

手伝わせてください。

予定をチェックさせてください。

～させてください

Let me say a few words.

Let me introduce myself.

Let me take one more picture.

Let me pay this time.

Let me have a look at it.

Let me think about it.

Let me sleep for five more minutes.

Let me sleep on it.

Let me give you a hand.

Let me check my schedule.

パターン練習 2 — I had my … ～(過去分詞).

髪を切ってもらった。

視力の検査をしてもらった。

熱を測ってもらった。

家を白く塗ってもらった。

虫歯を抜いてもらった。

パターン練習 3 — Can I have … ～(過去分詞)?

これを配達してもらえますか。

この自転車を修理してもらえますか。

髪を短く切ってもらえますか。

パーマをかけてもらえますか。

髪を黒く染めてもらえますか。

英語を自在にあやつる 21 〜 40

…を〜してもらった

I had my hair cut.

I had my eyes tested.

I had my temperature taken.

I had my house painted white.

I had my bad tooth pulled out.

…を〜してもらえますか

Can I have this delivered?

Can I have this bike repaired?

Can I have my hair cut short?

Can I have my hair permed?

Can I have my hair dyed black?

36

彼らがホテルに入るのを見た
I saw them enter the hotel.

上級テク！
知覚動詞を使う

知覚動詞を使って、「誰かが〜するのを見る（聞く、感じる、においがする）」と言う時の表現です。上記の I saw them enter the hotel. のように目的語の後に動詞の原形が続くと、彼らがホテルに入る行動を開始してから終了するまで見たことになります。一方、ing形を続けた I saw them entering the hotel. は、彼らがホテルに入る一瞬を見た、という意味になります。

●see（hear、feel、smell）＋O＋動詞の原形／〜ing
Oが〜する（している）のを見る（聞く、感じる、においがする）

例文をCheck!

I often see him running on the bank.
彼が土手を走っているのをよく見る。

Did you see him jogging this morning?
彼が今朝ジョギングしているのを見ましたか。

I saw a boy walking his dog in the park.
男の子が公園で犬の散歩をしているのを見た。

I saw her go out a moment ago.
彼女がちょっと前に外出するのを見た。

I saw a cat climb the tree.
猫が木に登るのを見た。

Did you hear my name called?
私の名前が呼ばれるのを聞きましたか。

I've never heard him speak English.
彼が英語を話すのを聞いたことがない。

I heard someone knocking on the door.
誰かがドアをノックするのが聞こえた。

Can you smell something burning?
何かが焦げているにおいがしませんか。

I feel a sneeze coming.
くしゃみが出そうです。

パターン練習 ① I saw him ～ ing.

彼が花に水をあげているところを見た。

彼が家にペンキを塗っているのを見た。

彼が公園を散歩しているところを見た。

彼がタクシーに乗るのを見た。

彼がタクシーから降りるのを見た。

パターン練習 ② I saw a cat ～ ing.

猫がネズミを捕まえているのを見た。

猫が屋根で眠っているのを見た。

猫が通りを渡っているのを見た。

猫が魚を食べているのを見た。

猫が近づいて来るのを見た。

彼が〜しているのを見た

I saw him watering the flowers.

I saw him painting the house.

I saw him taking a walk in the park.

I saw him getting into the taxi.

I saw him getting out of the taxi.

猫が〜しているのを見た

I saw a cat catching a rat.

I saw a cat sleeping on the roof.

I saw a cat crossing the street.

I saw a cat eating a fish.

I saw a cat coming up to me.

37

運よく彼は死ななかった
Happily, he didn't die.

上級テク!
副詞で文全体を修飾する

ここでの **happily** は、副詞の中でも文全体を修飾する用法です。これらの語（句）は通例、文頭に置きます。**Happily, he didn't die.** は「運よく彼は死ななかった」ですが、**He didn't die happily.** とすると「彼は幸福な死に方をしなかった」という意味になってしまうので気をつけましょう。

文修飾の副詞は日本人がなかなか身に付けられないものの一つですが、これらを使いこなせばネイティブレベルに一歩近づけます。

●**Hopefully, S ＋ will ～**
　～だといいのですが

例文をCheck!

To be honest with you, I hate him.
正直に言うと私は彼が好きではない。

To tell the truth, I am gay.
本当のことを言うと私はゲイです。

Speaking of cars, I love a Toyota.
車と言えば私はトヨタが大好きです。

Strictly speaking, your answer is wrong.
厳密に言うとあなたの答えは間違っている。

Fortunately, she was not injured.
幸運にも彼女にケガはなかった。

Unfortunately, she refused to come.
あいにく彼女は来ることを拒んだ。

Sadly, she was killed in the accident.
残念なことに彼女は事故で亡くなった。

Happily, she escaped injury.
運良く彼女はケガをせずにすんだ。

By the way, where were you last night?
ところで夕べはどこにいたのですか。

Hopefully, the Giants will win the game.
ジャイアンツが試合に勝てばいいのですが。

パターン練習 Hopefully, ~.

明日は雨がやめばいいのですが。

電車に間に合えばいいのですが。

1月に会えればいいのですが。

今日が晴れるといいのですが。

今晩は9時までに帰宅できればいいのですが。

彼は決勝でもっとうまくできればいいのですが。

暗くなる前に到着できればいいのですが。

午後から雨にならないといいのですが。

彼の癌が治るといいのですが。

全てうまく行くといいのですが。

～だといいのですが

Hopefully, it will stop raining tomorrow.

Hopefully, we'll be in time for the train.

Hopefully, I'll see you in January.

Hopefully, it will be a sunny day.

Hopefully, I'll be home by nine tonight.

Hopefully, he'll do better in the final.

Hopefully, we'll arrive before dark.

Hopefully, it won't rain this afternoon.

Hopefully, he will recover from his cancer.

Hopefully, everything will go well.

38

彼女のメルアドがわかればいいのですが
I wish I knew her e-mail address.

上級テク! 実現不可能な願望を言う

　実現不可能なことを願望する表現です。**I wish**の後に過去形を続ければ「今～ならいいのですが」、過去完了形(**had＋過去分詞**)を続ければ「あの時～していたらよかったのですが」という意味になります。過去形のbe動詞は主語に関係なく**were**を使いますが、単数の主語ならば**was**を使ってもかまいません。**I wish you'd ～.**(あなたが～だといいのですが)の'dは**would**の短縮形です。

- **I wish＋S＋動詞の過去形**
  (今)～ならいいのですが

- **I wish＋S＋had＋過去分詞**
  (あの時)～していたらよかったのですが

例文をCheck!

I wish I were young again.
もう一度若くなれたらいいのですが。

I wish it would stop raining.
雨がやむといいのですが。

I wish I were born again.
生まれ変われたらいいのですが。

I wish you'd tell me the truth.
あなたが本当のことを言ってくれればいいのですが。

I wish I was a bit taller.
もうちょっと背が高ければいいのですが。

I wish I didn't have to go to school.
学校に行かなくてもよければいいのですが。

I wish I were single.
独身だったらいいのですが。

I wish I had a little brother.
弟がいればいいのですが。

I wish I had taken his advice.
彼の忠告に従っていればよかったのですが。

I wish I hadn't bought the computer.
コンピュータを買わなければよかった。

パターン練習 1 I wish you'd ～ .

タバコをやめてくれればいいのですが。

いびきをかかないでくれるといいのですが。

寝言をやめてくれるといいのですが。

彼の考えを変えてくれるといいのですが。

トムにもっと優しくしてくれるといいのですが。

パターン練習 2 I wish I could ～ .

彼のようにギターが弾けるといいのですが。

もう一度人生をやり直せるといいのですが。

東大に入れるといいのですが。

一青窈さんと結婚できたらいいのですが。

ずっとここにいられたらいいのですが。

(あなたが)～だといいのですが

I wish you'd stop smoking.

I wish you'd stop snoring.

I wish you'd stop talking in your sleep.

I wish you'd change his mind.

I wish you'd be nicer to Tom.

～できたらいいのですが

I wish I could play the guitar like him.

I wish I could live my life again.

I wish I could get into Tokyo University.

I wish I could get married to Hitoto Yo.

I wish I could stay here forever.

パターン練習 3 I wish I had ～(過去分詞).

別の男と結婚していればよかった。

ここに妻を連れて来ればよかった。

若い頃、たくさん勉強しておけばよかった。

宿題を終わらせておけばよかった。

もっと注意していればよかった。

パターン練習 4 I wish I hadn't ～(過去分詞).

そんなこと言わなければよかった。

そんなに食べなければよかった。

結婚しなければよかった。

家を手放さなければよかった。

彼に嘘を言わなければよかった。

～していればよかった

I wish I had married another man.

I wish I had brought my wife here.

I wish I had studied a lot when young.

I wish I had finished my homework.

I wish I had been more careful.

～しなければよかった

I wish I hadn't said such a thing.

I wish I hadn't eaten so much.

I wish I hadn't got married.

I wish I hadn't parted with my house.

I wish I hadn't told him a lie.

39

私たちが初めて会ったのは10年前だ

It was ten years ago that we first met.

上級テク! 強調構文を適用する

いわゆる **It is … that** の強調構文と呼ばれるもので、強調したい語（句）を It is の後に置き that でつなげます。たとえば **We first met ten years ago.**（私たちは10年前に初めて会いました）で、「10年前」を強調したければ **It was ten years ago that we first met.** となります。また、that の直前の名詞が人を表す時は、that の代わりに **who** を使っても構いません。強調構文と似たような形を持つ形式主語構文がありますが、強調構文の場合は、It is と that の部分を省略してもきちんとした文の形になっている(**Ten years ago we first met.**)のが特徴です。

- **It is … that ~**
  ～なのは…です
- **It is … that S+V**
  ～するのは…です

例文をCheck!

It was in London that we first met.
私たちが初めて会ったのはロンドンでした。

It was yesterday that I got the call.
電話をもらったのは昨日でした。

It's tomorrow that they are coming.
彼らが来るのは明日です。

It's summer that he likes the best.
彼が一番好きなのは夏です。

It's my mother who knitted this sweater.
このセーターを編んだのは母です。

It's a pity that Japan lost the game.
日本がその試合に負けたのが残念です。

It's surprising that he won the gold medal.
彼が金メダルを獲ったのは驚きです。

It's natural that he got angry with you.
彼があなたを怒ったのは当然です。

It's no wonder that he refused your offer.
彼があなたの申し出を断ったのは当然です。

It's true that he died in the accident.
彼が事故死したのは本当です。

パターン練習 ① It's … who ～ .

この歌を歌っているのは一青窈さんです。

バイオリンを弾いているのは妻です。

夕べ私に電話したのはマイクです。

悪いのはあなたです。

責任があるのは私です。

パターン練習 ② It's a pity that ～ .

あなたがもっと長くいられないのは残念です。

そんなに早くあなたが諦めて残念です。

あなたが招待されなかったのは残念です。

あなたがその仕事を引き受けなかったのが残念です。

彼が私の名前を覚えていなかったのが残念です。

～なのは…です

It's Hitoto Yo who is singing this song.

It's my wife who is playing the violin.

It's Mike who called me last night.

It's you who are to blame.

It's I who am responsible.

～なのは残念です

It's a pity that you can't stay longer.

It's a pity that you gave up so soon.

It's a pity that you weren't invited.

It's a pity that you didn't accept the job.

It's a pity that he didn't remember my name.

40

パーティーに来られますか
—ちょっと無理だと思います
Can you come to the party?
—I'm afraid not.

上級テク! 相づち表現を使いこなす

たとえば、**Can you come to the party?** と聞かれて、ぶっきらぼうに **No, I can't.**（いいえ、行けません）と答えたとしたら、二度と誘われることはないでしょう。

相手の質問に対してハッキリした答えを避ける時の表現や、相手の言ったことに対してうなずく時の表現は会話ではなくてはならないものです。

● **So ＋助動詞(be動詞)＋S**
（相手が肯定したことに対して）Sもそうです

● **Neither ＋助動詞(be動詞)＋S**
（相手が否定したことに対して）Sもそうです

例文をCheck! ✓

Will you finish the work by tonight?
今夜までに仕事が終わりますか。

I think so.
そう思います。

I hope so.
そうだといいのですが。

Are we late?
遅刻しますか。

I'm afraid so.
あいにくそのようです。

I don't think so.
そうは思いません。

I like cats better than dogs.
犬より猫の方が好きです。

So do I.
私もです。

Kevin doesn't like cats very much.
ケビンは猫があまり好きではない。

Neither do I.
私もです。

パターン練習 ① I ~（思う）not.

サラは明日来ると思いますか。

来ないと思う。

明日コンサートに来られますか。

あいにく行けません。

彼は時間通りに来ますか。

来ないと思う。

今日の午後は雨が降りますか。

降らないことを望んでいます。

彼は嘘をついていますか。

ついていないと信じています。

~でないと思う

Will Sara come tomorrow?

I guess not.

Can you come to our concert tomorrow?

I'm afraid not.

Will he come on time?

I expect not.

Will it rain this afternoon?

I hope not.

Is he telling a lie?

I believe not.

パターン練習 2　So ～（be動詞／助動詞）I.

ケンは一青窈さんの大ファンです。

私もです。

彼女はとても足が速かった。

私もです。

肉には赤ワインがいいです。

私もです。

ケンは昨日一青窈さんのコンサートに行きました。

私もです。

ジェシーは一度グアムに行ったことがある。

私もです。

私もです

Ken is a great fan of Hitoto Yo.

So am I.

She was able to run very fast.

So was I.

I like red wine for meat.

So do I.

Ken went to Hitoto Yo's concert yesterday.

So did I.

Jessie has been to Guam once.

So have I.

パターン練習 3 Neither ～(be動詞/助動詞) I.

朝型人間ではない。

私もです。

猫があまり好きではない。

私もです。

ハワイに一度も行ったことがない。

私もです。

試験勉強を全然しなかった。

私もです。

子供の頃は泳げなかった。

私もです。

私もです

I'm not a morning person.

Neither am I.

I don't like cats very much.

Neither do I.

I've never been to Hawaii.

Neither have I.

I didn't study for the exam at all.

Neither did I.

I couldn't swim when I was a child.

Neither could I.

●形容詞・副詞の比較変化表

原級	比較級	最上級
①不規則変化		
good, well（良い）	better	best
bad（悪い）	worse	worst
many, much（多くの）	more	most

原級	比較級	最上級
② …er、est型		
big（大きい）	bigger	biggest
busy（忙しい）	busier	busiest
cheap（安い）	cheaper	cheapest
clever（賢い）	cleverer	cleverest
cold（寒い）	colder	coldest
cool（涼しい）	cooler	coolest
deep（深い）	deeper	deepest
early（早い）	earlier	earliest
easy（簡単な）	easier	easiest
fast（速い）	faster	fastest
great（偉大な）	greater	greatest
handsome（ハンサムな）	handsomer	handsomest
happy（幸せな）	happier	happiest

原級	比較級	最上級
hard (一生懸命に)	harder	hardest
heavy (重い)	heavier	heaviest
high (高い)	higher	highest
hot (暑い、辛い)	hotter	hottest
large (大きい)	larger	largest
late ([時間が] 遅れて)	later	latest
long (長い)	longer	longest
low (低い)	lower	lowest
lucky (幸運な)	luckier	luckiest
muggy (蒸し暑い)	muggier	muggiest
old (年を取った、古い)	older	oldest
poor (貧しい)	poorer	poorest
pretty (可愛い)	prettier	prettiest
rich (豊かな)	richer	richest
sad (悲しい)	sadder	saddest
short (短い)	shorter	shortest
simple (単純な)	simpler	simplest
small (小さい)	smaller	smallest

原級	比較級	最上級
soon（すぐに）	sooner	soonest
tall（背が高い）	taller	tallest
ugly（醜い）	uglier	ugliest
warm（暖かい、温かい）	warmer	warmest
young（若い）	younger	youngest

③ more…、most…型

原級	比較級	最上級
beautiful（美しい）	more beautiful	most beautiful
careful（注意深い）	more careful	most careful
difficult（難しい）	more difficult	most difficult
exciting（わくわくする）	more exciting	most exciting
expensive（高価な）	more expensive	most expensive
famous（有名な）	more famous	most famous
important（重要な）	more important	most important
interesting（興味深い）	more interesting	most interesting
natural（自然な）	more natural	most natural

原級	比較級	最上級
popular（人気のある）	**more popular**	**most popular**
quickly（素早く）	**more quickly**	**most quickly**
slowly（ゆっくり）	more slowly	most slowly
useful（役に立つ）	more useful	most useful

●目的語に to 不定詞を取る動詞、動名詞を取る動詞

●to 不定詞のみを取る動詞

【例】**I can't afford to buy such a car.**
（私はそんな車を買う余裕はない）

afford（余裕がある）
decide（決心する）
hesitate（ためらう）
manage（何とか～する）
offer（申し出る）
pretend（振りをする）
refuse（拒否する）

attempt（試みる）
expect（予期する）
hope（希望する）
mean（意図する）
plan（計画する）
promise（約束する）

●動名詞のみを取る動詞

【例】**He admitted stealing the money.**
（彼はお金を盗んだことを認めた）

admit（認める）
consider（考える）
enjoy（楽しむ）
finish（終える）
imagine（想像する）
miss（～し損なう）
practice（練習する）
quit（やめる）
suggest（勧める）

avoid（避ける）
deny（否定する）
escape（逃れる）
give up（やめる）
mind（気にする）
postpone（延期する）
put off（延期する）
stop（やめる）

●to不定詞、動名詞の両方を取る動詞（意味が同じもの）

【例】 They began to play hide-and-seek.
They began playing hide-and-seek.
（彼らはかくれんぼをし始めた）

begin（始める）　　　　　continue（続ける）
hate（嫌う）　　　　　　like（好む）
start（始める）

●to不定詞、動名詞の両方を目的語に取る動詞（意味が異なるもの）

【例】 Don't forget to call me.
（忘れずに電話してください）
I'll never forget meeting him.
（彼に会ったことは決して忘れません）

forget ＋ to不定詞（〜するのを忘れる）

forget ＋ 〜ing（〜したことを忘れる）

remember ＋ to不定詞（忘れないで〜する）

remember ＋ 〜ing（〜したことを覚えている）

try＋to不定詞（〜しようとする）

try＋〜ing（試しに〜してみる）

regret ＋ to不定詞（残念ながら〜する）

regret ＋ 〜ing（〜したことを後悔する）

成美文庫

英会話「1秒」レッスン 上級！

著　者　清水建二
　　　　しみずけんじ
発行者　風早健史
発行所　成美堂出版
　　　　〒162-8445　東京都新宿区新小川町1-7
　　　　電話(03)5206-8151　FAX(03)5206-8159
印　刷　広研印刷株式会社

©Shimizu Kenji 2009　PRINTED IN JAPAN
ISBN978-4-415-40100-3
落丁・乱丁などの不良本はお取り替えします
定価はカバーに表示してあります

・本書および本書の付属物は、著作権法上の保護を受けています。
・本書の一部あるいは全部を、無断で複写、複製、転載することは禁じられております。